負けるな『わが友』小泉純一郎

二一世紀革命の成功のために

田中良太

G. PAM COMMUNICATIONS
清水弘文堂書房刊

表紙・目次　コンピューター・グラフィック　春山優香里

負けるな『わが友』小泉純一郎

二一世紀革命の成功のために

2 「軽くてパー」な首相たち 33

3 角栄の弟子たちの傲慢 65

4 田中真紀子叩きの意味 111

5

官僚支配と豊かさの病理

前文

この本が書店に並ぶころ「小泉革命」は依然として進行中であろう。日本の政治を根底から変革するのが小泉革命なのだから、簡単に終わるはずもない。

自民党総裁選で小泉純一郎が第二〇代総裁に選出されたのが二〇〇一年四月二四日、小泉内閣が発足したのが同二六日である。そこから始まった「小泉革命」は政治を変えた。これまで無関心だった主婦や若者が、テレビの国会中継を見るようになった。テレビのワイドショーがどんどん「政治もの」を流すようになった。

森喜朗内閣のときには一ケタだった内閣支持率が、八〇%を超え、史上最高となった。国民は、小泉純一郎の政治に、熱い視線を注いでいる。

こうした政治の大転換に対して政治ジャーナリズムは、すぐに水をぶっかけ始めた。「小泉ワイドショー政権」などと名づけ、「高支持率にだけ依存する政治はポピュリズム（大衆迎合）に陥る危機をはらむ」などと指摘する。小泉革命の具体的な課題となる「構造改革」については、抵抗の強さを強調することによって「できっこない」というムードをあおる……。

低支持率を理由に森政権に退陣を迫っていた政治ジャーナリズムが、掌を返すように「高支持率の危険性」なるものを指摘し始めたのはどうしてか？　その理由を探るのは、本文に譲らなければならない。

もともと小泉政権は、永田町・霞が関に支持基盤をほとんど持たない。数の力を誇示する橋本派が官僚と結託して支配し続けてきた日本の政治を変えると主張して、国民の支持を受けたのが小泉なのだから、当然のことだろう。そのうえメディアまで敵に回ってしまうなら、小泉革命の前途は暗いということになるかもしれない。

しかしもともとメディアは、官僚と田中―竹下―小渕―橋本派による支配を支え続けてきた存在である。つまり小泉が否定しようとしている旧支配層の味方なのである。そのメディアが、「革命」を否定しようとすることなどありえない。

メディアの世界で暮らし続けてきた人間として、友人である小泉純一郎に「負けるな。国民がついているのだからがんばれ」という声援を贈るのが本書である。

1

政界の変人は世間の常識人

永年在職表彰辞退の重み

小泉が提唱する「改革」といえば、誰もが郵政三事業の民営化を思い浮かべる。しかしそれだけではない。九五年九月の総裁選に立候補したとき小泉は、もう一つ重要な公約をしていた。在職二五年の国会議員に与えられる永年在職議員の表彰を「辞退する」と約束したことだ。小泉がじっさいに在職二五年となったのは九七年一〇月だが、もちろん公約どおり辞退した。

この公約の意味の大きさに、当時着目したのが政治評論家の俵孝太郎である。『日本の政治家・親と子の肖像』(九七年四月、中央公論社)で、俵が書いているところを、以下、お読みいただこう。

《以下引用》

これ(在職二五年の表彰と、それに伴う特権を辞退するという公約をしたこと)は並みの決意ではない。彼の祖父の小泉又次郎は衆議院当選十二回、明治の末から敗戦直後まで三十七年在職し、その後四カ月の短期間ながら、貴族院の勅選議員を務めている。衆議院で、在職三十年のときに表彰された。父親の純也は衆議院当選九回、二十五年在職の表彰を受けた九カ月後に、現職のまま亡くなっている。純一郎はこの発言の時点で衆議院当選八回、在職二十二年十カ月。一九九六(平成八)年の総選挙でも圧倒的な強みを見せて九回目の当選を飾ったから、一九九六年末の時点では在職二十四年を超えた。一九九七（平成九）年中に解散—総選挙になることはまずないと思われるし、仮にあったとしても彼が落選するとは思えないから、一九九七年には在職二十五年に達して、祖父と父親に続いて院議表彰を受けることになる（中略）。

あの自民党総裁選での、小泉純一郎の行政改革がらみの発言というと、郵便・貯金・簡易保険の郵政三事業の民営化だけにマスコミの視線が集中したし、政界の反応も表向きここに焦点がしぼられた。しかし例によって不勉強で、小泉の投じた一石の重みに気がつかなかったテレビや新聞はともかく、直接の利害関係者である党派の違いを超えた国会議員の中には、小泉の鋭い発言に一瞬ドキリとし、マスコミが必ずしもこのテーマに敏感に反応しないのを見てとって、ほっと胸を撫でおろした向きも、少なくなかったものと思われる。

その〝凄み〟なり〝鋭さ〟を理解するためには、いささか本題を離れて横道に入り込みすぎるきらいがあるかもしれないが、永年在職議員表彰制度に象徴される、国会議員の特権の全容を知らなければならない。（中略）

永年在職議員の表彰は、表向きは、両院とも本会議での表彰議決と表彰状の贈呈。それに、表彰された議員が公費から五十万円を受け取り、潤筆料の高い画家に頼む場合は自分で差額を負担して、好みの画家に描いてもらった肖像を院内に掲げることの〝三点セット〟だが、じつはこれには〝副賞〟がついている。その〝副賞〟とは、議員を辞めても、終身の礼遇として、必要な場合には表彰を受けた院から公用車の提供を受けることができるという、法律の裏づけのない特権だった。

しかし、年を追ってふえる対象者の要求をいつでも満たせるようにクルマと要員を確保しておくのは、いかにも無駄が多い。そこで〝経費節減〟を図るための〝合理化策〟として、一九七五（昭和五十）年度から月額二十万円の〝ハイヤー代〟を支給することになった。この金額は六年後に二十五万円に増額され、一九九一（平成三）年度からは三十万円に引き上げられている。

ハイヤー代というと聞こえはいいが、要するに毎年三百六十万円、実費弁償ということで税金がかからないことになっているカネが、死ぬまで貰えるということである。どんなに無能な議員でも、永年在職議員になれば、現行では三百五十万円である文化功労者年金をセコいことにも十万円だけ上回るカネを、税金から与えられるということである。それが無税だというのだから、これはもはやブラック・ジョークの世界というほかない。《引用終わり》

小泉はその後、著書『官僚王国解体論』（九六年六月、光文社）でこの公約を再確認し、九六年一〇月の総選挙でも、有権者向けの公約とした。

じっさいに在職二五年に達するに先だって、小泉は衆院事務局に辞退の意思を伝えた。事務局は「表彰状の授与だけでも」と打診したが、小泉は「何もいらない」と回答。事務局も本人の意向を尊重する以外なかった。

このときいちばん困ったのが、ＹＫＫの仲間である加藤紘一と山崎拓である。ＹＫＫは同期生トリオだから、同時に表彰の対象となった。このとき加藤は幹事長、山崎は政調会長で、橋本龍太郎政権を支える存在だった。小泉と同調すると、ベテラン議員の反発を買うことは必至だという理由で、肖像画だけ辞退することでお茶を濁した。

当時の新聞報道によると、ＹＫＫの三人はかつて、表彰制度の廃止を主張していくことで意気投合したことがあるとされている。しかし加藤と山崎は、その「主張」を自らの行動とすることができなかった。小泉は逆に、主張どおりに行動せざるをえない立場に自らを追い込んでいったのである。

そのときから現在に至るまで、表彰とそれに伴う特典をすべて拒否した議員は小泉以外にはいない。成田知巳（元社会党委員長）伊東正義（元外相＝以上いずれも故人）、渡部一郎（元公明党副委員長）の三人が肖像画を辞退しただけである。

九七年六月二三日付朝日新聞朝刊京都版に以下のような記事が掲載されている。

◆見出し＝自民・谷垣代議士が祝辞　共産・寺前代議士の在職二十五年祝賀会

衆院京都三区選出で、共産党国対委員長の寺前巌議員の議員在職二十五周年を記念する祝賀会が二十二日、京都市内のホテルで開かれた。「自共対決」色の強い政治風土の中、五区選出の自民党府連会長で党総務局長の谷垣禎一議員が出席。旧二区では激しく争った「政敵」に「これからも、良いけんか相手として頑張っていただけますように」などとエールを送った。共産党府委員会によれば、自民党幹部クラスがこうした祝賀会に出席するのは初めてという。

谷垣議員は、伊藤宗一郎衆院議長の祝辞を携えて登壇。「昔の名前で出ているのは共産党と自民党」と発言すると、会場からどっと笑いが起こった。さらに「寺前先生は、私どもから見るといつも大変憎らしいことをおっしゃるが、大変良い刺激になる。私は自民党の選挙担当ですので、それをエネルギーに頑張りたい」などと述べた。

祝賀会には、共産党の府議、市議をはじめ弁護士、医療関係者ら約九百人が出席。京都市長代理の井尻浩義総務局長、中田脩美山町長の姿もあった。また自民党の野中広務幹事長代理、奥山茂彦代議士、新進党の玉置一弥府連会長ら国会議員をはじめ、八市町村長からも祝電が届いた。

寺前議員は最後に、「これからも『政治は国民のもの』という信条にたってみなさんとともに頑張ります」と謝辞を述べた。

寺前議員は一九六九年に旧京都二区で初当選、八三年に一度落選したが八六年に返り咲き、昨年十月の総選挙で新三区から九回目の当選。五月十五日、衆院議員在職二十五年の永年勤続表彰を受けた。

市田忠義共産党府委員長は「今回は寺前さんを祝う集いなので、旧二区で戦ってきた人や首長などに保守革新問わず案内状を送った」と話している。

保守系の国会議員だけでなく、「庶民の味方」を自称している土井たか子▼村山富市▼不破哲三

郵便はがき

料金受取人払

港北局承認

1953

差出有効期間
平成15年2月
12日まで
（切手不要）

222 8790

横浜市港北区菊名3－3－14
KIKUNA N HOUSE 3F
清水弘文堂書房ITセンター
「環境影響評価のすべて」
編集担当者行

Eメール・アドレス（弊社の今後の出版情報をメールでご希望の方はご記入くださ

ご住所

郵便No. □□□-□□□□　お電話（　）

（フリガナ） 芳名	男・女	明・大・昭 年生まれ	年齢 歳

■ご職業　1.小学生 2.中学生 3.高校生 4.大学生 5.専門学校 6.会社員 7.役
8.公務員 9.自営 10.医師 11.教師 12.自由業 13.主婦 14.無職 15.その他（

ご愛読紙誌名	お買い上げ書店名

負けるな『わが友』小泉純一郎　田中良太著

●本書の内容・造本・定価などについて、ご感想をお書きください。

●なにによって、本書をお知りになりましたか。

A 新聞・雑誌の広告で（紙・誌名　　　　　　　　　　　　　）

B 新聞・雑誌の書評で（紙・誌名　　　　　　　　　　　　　）

C 人にすすめられて　D 店頭で　E 弊社からのDMで

F その他（具体的にご記入いただければ幸いです）

▼田英夫氏らも平然とこの特別交通費を受けとっている。その特権を受ける身分になったことを、自民党も共産党もいっしょになって祝うのが政界なのである。仲良く特権の上にあぐらをかく政界の中で小泉はたった一人のアウトサイダーなのである。

「変人」はプラス評価

小泉純一郎に「変人」というニックネームをつけたのは田中真紀子である。一九九八年七月の自民党総裁選のさい、テレビ番組で三候補の人物評を求められた。そのとき真紀子（現職の大臣をファーストネームで呼び捨てというのも失礼なことだが、この本では敬称略を原則とする。父、角栄が出てくることもあるし、「田中」の表記よりは「真紀子」だと判断した）は「小渕（恵三）さんは凡人で、梶山（静六）さんは軍人。小泉さんは……ウーン変人かな」と言ったのだという。

小渕については後に、佐野眞一が『凡宰伝』（二〇〇〇年五月、文藝春秋）を書くが、「凡」の字がもっともよく似合う政治家である。梶山もまた「武闘派」といわれ、軍人という評は当然といえる。

そこまでは即答できたが、小泉を「変人」とするまでには、一瞬の間があったらしい。「ウーン」と言いながら、真紀子は何を考えたのだろうか。父、角栄譲りの回転の早い頭脳だから、さまざまな思いをめぐらしたのだろう。その「変人」という命名がいまや定着したのだから、真紀子の感覚は極めて優れたものだといえる。

「政界の常識は、世間の非常識」という言葉がある。何ごとにもカネが動くなど、一般社会では考えられないような独自のルールがまかり通っているのが、政界である。そこから類推すると「政界の変人は、世間の常識人」といえるはずだ。冒頭に書いた永年在職表彰の辞退など、小泉こそが世間では常識人であることの証明だろう。

いまや「変人」は小泉のニックネームとして定着した。それがマイナス評価ではなく、プラス評価となっていることも、衆目の一致するところとなった。

宮尾登美子ファン

九五年九月の自民党総裁選のとき、私は毎日新聞に在籍していた。当時の仕事は、週一回夕刊掲載の『直視曲語』と題するコラムを書くことだった。九五年九月一八日付夕刊で小泉の立候補をテーマとした。その文章をまずお読みいただこう。

見出し＝らしくない三世の健闘

二年前の春、政治部の記者から「郵政大臣が投書したいって言ってるんですが」という電話を受けた。当時の私は学芸部長で、郵政相の名前も知らないし、だいいち投書担当でもない。なぜ私あての電話なのか、理解するには多少のやりとりが必要だった。

投書の主は「郵政相　小泉純一郎　五一」で、一九九三年五月一日付朝刊の『みんなの広場』に掲載された。「宮尾登美子さんの連載小説『藏』を読むのが無上の楽しみだった。突然の中止は残念で、ぜひ続編を書いてもらいたい」という趣旨だった。

私と同じ一九四二年生まれの政治家、小泉氏の存在を具体的に意識したのはこれが最初だった。祖父の代から政治家の「三世」だというが、政治家らしからぬ行動をとるのがこの人の持ち味だ。

その直後起きたカンボジアでの日本人文民警察官の殺傷事件では、「撤収すべき場面には勇気をもって判断すべきだ」と閣議で主張した。宮沢内閣不信任案成立後の総選挙で自民党が過半数割れとなったときは総辞職論を展開、自分だけさっさと辞めてしまった。

しかし「小泉流」の真骨頂は、何といっても九二年一二月一一日、宮沢改造内閣の郵政相に指名された直後の会見で「省益より国益優先で郵政事業全般を見直す必要がある。老人マル優枠を今引き上げる必要はない」と言い切ったことだろう。

郵貯は、残高二〇〇兆円を誇る世界最大の金融機関である。それだけでなく郵政省は、電波を握っている。地方新設テレビ局の認可を「お願い」しなければならないテレビのキー局も新聞社も頭が上がらない。全国一万八〇〇〇の特定郵便局長は、保守政治にとって有力な集票マシン。こんな強力な役所にケンカを売るのは、政治家離れした行動といえる。

故田中角栄元首相が三九歳で就任した初の大臣ポストも郵政相だった。典型的な権力志向の政治家だった元首相は小泉氏と対照的な郵政省官僚との協調作戦をとった。だから政治部記者に面と向かって「マスコミに強い」と豪語するなど、剛腕ぶりを誇示できたのである。

小泉郵政相の在任は七カ月間。郵政省が反発したのはもちろんだが、衆院逓信委員会で与野党相乗りの「法案審議拒否」が行われた。さらに全逓や民放労連といった労組まで抗議や申し入れをした。郵政族総ぐるみの「小泉叩き」だった。

今回の総裁選立候補に当たってもこの構図が繰り返されたらしい。特定郵便局長会の「票」をちらつかせ、小泉氏の推薦国会議員に圧力をかけるという手法である。それをはねのけて小泉氏が立候補できたのは、第一段階の勝利と評価できるだろう。

八一年の土光臨調設置以来やってきたことは、官僚や族議員とのなれ合い行革でしかなかった。「行革太り」を喜んでいる省庁も珍しくない。「政」と「官」にかかわりを持たない国民だけが「痛み」を負担したのである。

小泉氏には第二、第三段階での健闘も期待したい。行革が、役人の顔がゆがむような厳しいものに脱皮するために。

俵孝太郎のいう不勉強な記者にすぎなかった私は、郵政三事業民営化の公約にしか気づかなかったのである。ともあれこの文章を書いた後、小泉と接触することになった。小泉から「いちどメシでも食おう」という誘いを受けた。「宮尾さんにも同席してもらいましょうか」とたずねると、

「大歓迎」という返事だった。そのほか私の友人たちを交えて、合計五、六人になったと記憶する。当然のことながら、小泉と宮尾が向き合って座る形になり、二人の話ははずんでいたようだった。

この件をふり返ってみるとまず、政治家が新聞の投書欄向けに投書するということが、異例のことである。大臣クラスの政治家ともなると、政治面にインタビューか何かで登場できる。そういうことに慣れきってしまうから、投書欄への投書など考えもしないのである。

そもそも一般の読者と同様に、新聞小説を読んでいる国会議員がどれほどいるかが疑問である。通常国会議員は、全国紙各紙と地元の地方紙にもれなく目を通すが、それは「仕事」だとされている。新聞小説を読んで、感涙にむせぶなどということはしない。

宮尾の『蔵』を読んで、その中断を惜しむ投書をするという小泉の行動は、まさに一般市民と同じ行動様式だった。ちなみに主人公を盲目の女性に設定した『蔵』については、すさまじいほど多数の投書が来たものだった。

宮尾と同席することを望んだのも、小泉らしい。たいていの政治家なら、もったいを付けて「宮尾さんの方が会いたいというのなら」などと言うところである。そんなことを言わず、正直に「会いたい」というところが小泉らしい。「政治家」「国会議員」「大臣」などという肩書きに沿ってではなく、一個人として行動できるところが小泉の魅力なのである。

私はその翌年、九六年六月限りで毎日を退社したのだが、この年八月、友人たちが開いてくれたパーティーに小泉が出席してくれた。これは予想外のことだった。政治家は、相手が新聞記者だからこそつき合うのであり、新聞記者を辞めた一介の浪人など何の利用価値もありはしない。このパーティーにも、小泉以外の政治家は誰も姿を見せなかった。

政治家らしくない生活

小泉の筆頭秘書を二九年間も続けている飯島勲（現首相秘書官）によると、政治家は初対面の相手と会うと「この人物はどの程度、票を握っているのか。どれだけカネを持っているのか」と瀬踏みするのだという。しかし小泉は違う。初対面の相手の名刺を見ながら「具体的にはどういう仕事をしているんですか」と聞く。そこから話が展開していくのである。

つまり小泉は、カネと票を持っている人間だけとつき合うという政治家独特の殻を持たない。誰とでもつき合おうという健全な精神を維持している政治家なのである。

小泉の生活スタイルも、普通の政治家とは相当に異なっている。たとえば政治家にとって、正月はもっとも多忙な時期である。支持者たちが年賀のあいさつに押しかけるから、その応対をしなければならない。

しかし小泉家では、正月は家族でスキー場へ行って過ごすことにしている。年始客のためには、特定の日を決めて「賀詞交換会」を開催する。小泉は『小泉純一郎の暴論・青論』（九七年九月、集英社）で『（古い習慣では）家族も大変なのです。私も子供の頃は、正月をゆっくり味わったことがありませんでした。そこで私の代になってからは、家族サービスも含めてスキー場へ行くようになった』と書いている。

家族で正月も楽しめない政治家生活は、相当に嫌だったようだ。『私は、祖父も父も政治家の家系で、早くから政治家になることを言われながら育ちました。二〇代まではそれが嫌で、反抗していたんです』（同書）ということになる。

それに続けて小泉は、

『今でも、政治家でありながら選挙になるとウンザリします。町中に自分の顔のポスターが貼られ、お願いしまーすと頭を下げて回り、公約をマイクを通して訴える。正直に言えば、いいことばかりを臆面もなく話しまくる。一般の感覚から言えば、非常識な感覚とも言えるでしょう。が、政治家というものは、それを敢えてしなければならないんです。とすれば、信念を持った政策がなければ、挫折してしまうでしょう』

と語っている。普通の政治家は、けっして口にしない言葉である。「いいことばかりを臆面もなく話しまくる」ということについての「恥の感覚」をそのまま口に出す。政治家としての原罪意識だといえる。「信念を持った政策がなければ、挫折してしまう」というのもホンネだろう。永年在職表彰の辞退といったことこそ、その信念なのである。

政治家なら誰でも首相の座を目指す。自民党政治は一九五五年の保守合同以来続いているのだから、首相の座に就くためのコースのようなものができあがっている。当選二、三回といったところで内閣官房副長官を経験する。大臣クラスになると、経済閣僚と外交・防衛に関わる閣僚をできれば両方、経験する。さらに自民党三役をやる、といったことになる。

ＹＫＫの他の二人、加藤紘一と山崎拓はともに、忠実にこうしたコースを歩んできた。二人とも官房副長官をやり、加藤は防衛庁長官、官房長官、政調会長、幹事長を歴任、山崎も防衛庁長官、建設相、政調会長を歴任している。

福田派以来の小泉の兄貴分・森喜朗も同じことである。森は官房副長官、文相、政調会長、通産相、幹事長、建設相、総務会長、再び幹事長ときらびやかな役職歴を持っている。

小泉の場合、こうした「首相への階段」とみられる役職はまったく経験していない。一九八八年末の竹下内閣改造で厚相に起用され、続く宇野宗佑内閣でも留任した。九二年末の宮沢内閣改造で郵政相に起用された。そして九六年一一月、第二次橋本内閣で再度、厚相に任命された。

自民党の政治家は「大臣病患者」集団だといわれ、組閣、改造のたびに「入閣運動」を展開する国会議員が多い。しかし小泉の入閣運動というのは聞いたことがない。当選回数を重ねると、それなりの格の閣僚ポストに起用される。そのポストに就くということでいいのだ、というのが小泉流のようだ。

「小泉さんは趣味で政治をやっている」というのが、自民党内での小泉評である。小泉は首相への階段を歩もうともしないし、大臣病の行動スタイルもとらない。そういうことに必死になっている一般の国会議員からみれば、小泉の行動スタイルは「趣味の政治」なのであろう。

「子分」グループをつぶす

森派が三塚派であった時代、派内に小泉をもり立てていこうという議員集団ができたことがある。しかしその集団はすぐにつぶれてしまった。小泉本人が会合に出てこなくなったからである。こういう集団の目的は、ボスである小泉をもり立てるだけではない。小泉のポジションが上がると、それに連なるメンバーたちも上昇できる。緊密な親分・子分関係を築き、ともにのし上がっていこうという人たちの行動スタイルは、一般の企業でも同じことだろう。

じつは私自身も、毎日新聞社内で小泉と同じような立場に置かれそうな雰囲気を感じていた。部長職なんかやると、どうしても親分・子分に連なっていく会社人間的な人間関係の中に巻き込まれてしまうのである。それがわずらわしくなったことも、私が早々と会社を辞めた理由である。その意味では、私も相当の変人であるつもりだが、小泉の変人ぶりもたいしたものだといえる。

この「小泉グループ」を旗揚げしようとしたのは、塚原俊平（故人）である。国会議員の序列を左右する当選回数で小泉より一期下、年齢も五歳下だから、小泉をかつぐには最適の条件だったといえるだろう。塚原の「一緒に上昇しましょうよ」というラブコールを、小泉は拒否したのである。この「求愛拒否」によって、小泉と塚原の関係は一挙に悪化した。

九七年一〇月一二日、厚相だった小泉はテレビ番組に出演し、「郵政三事業の国営が維持される場合には閣僚を辞任する」と発言した。当時の橋本内閣は行政改革会議を作って省庁削減など、大胆な行政改革に乗りだしており、郵政三事業の扱いは焦点のひとつだった。小泉の発言はさまざまな場で問題となったが、一四日の自民党総務会で小泉批判の口火を切ったのは塚原だった。

小泉のテレビ発言には「自民党内で本当に民営化に反対しているのは十人程度。役人集団に振り回されている」という文言があったのだが、塚原は「事実誤認だし、私どもは郵政省から言われてではなく地元に帰って（支持者らと）話をして答えを出している。自民党議員全員に対するひぼう中傷だ。国会議員を辞めてもらった方がいい」などと述べた。これに続いて郵政官僚出身の岡野裕が「自説が通らないから辞職するというのは自由な論議への脅迫、恫喝（どうかつ）だ。内閣もむちゃくちゃになる」と発言した。

郵政省が民営化反対で動いていることを指摘、批判する声も出たが、発言の大半は小泉批判だった。ＹＫＫの盟友である加藤紘一幹事長が「私も反対者が十人しかいないとは考えていない」となだめ、総務会で出された意見を政府側に伝えることで議論を収めた。

いずれにせよ塚原の小泉批判は、小泉の求愛拒否に対するしっぺ返しだろう。塚原は「小泉をもり立てようじゃないか」と後輩議員を説得し、議員グループを作ったのである。その議員グループの会合に小泉本人が出てこないというのでは、塚原のメンツは丸つぶれだっただろう。

こういう人間関係のしがらみについて、小泉はタフな神経を持っているといえる。通常の代議士なら、こうした塚原の立場にも配慮して「小泉グループ」の会合に欠席したりしない。「塚原のメンツがつぶれようとどうしようと、オレはオレ。親分・子分関係は嫌いだ」と宣言したのが、この件での小泉の行動なのである。

同じように、たとえＹＫＫであろうとも、仲間の都合を優先させることはない。小泉が永年在職表彰を辞退したことによって、いちばん困ったのは、加藤と山崎であることはすでに述べた。小泉のように、仲間の都合や、親分・子分関係よりも、自分の「信念」を優先させることは、日本の社会では難しいことである。その意味で「変人」の評はあたっているのである。

多彩で深い趣味

小泉が首相に就任すると同時に、多彩な趣味が話題になった。音楽はハードロックからクラシックまで何でも。スキー、読書、歌舞伎、映画、オペラ鑑賞と多彩である。それぞれ政治家につきものの「飾りもの」ではない。

学生時代に凝ったスキーは、インストラクターができるほどのハイレベルな技術を維持している。音楽や歌舞伎・オペラの知識は「玄人はだし」で、小泉氏とインタビューする人は「注意しろ」とアドバイスされる。

本人がインタビューに答えている言葉をひろってみても、「食事をする時、新聞を読みながら…

……、常に音楽をかけている」という。また「映画は最低月一回見ることにしている。大臣の在任中はSPと二人で行く」という。

読書量をひけらかすようなことはしないが、言葉の端はしににじみ出てくる。『小泉純一郎の暴論・青論』では、プロ野球・オリックスの仰木彬監督とのインタビューが掲載されているが、その中では野球関係の読書量のすさまじさが浮かび上がってくる。

たとえば以下のような会話が交わされている。

仰木　四〇年前の女性ファンは一割くらいかな。それも粋なお姉さん方が目立った。（中略）

小泉　粋なお姉さんといえば、ぼくは大下（弘・外野手）を思い出すな。監督、一緒にやってたでしょ？

仰木　ええ。

小泉　大下は『虹の生涯』（辺見淳）という本によると、とてもまねのできない自由奔放さがあった。彼女と寝て、呼び起こされて、慌てて球場に行って、フロへ入って、ホームラン打ったりという破天荒ぶりなんだな。前の晩、彼女と寝ていたから帰ってない。そこへ奥さんが乗り込んできて、慌ててホームラン。あれはすごいよ、昔の選手は。

×　×　×

小泉　『消えた春』（牛島秀彦）という小説のモデルになった、名古屋ドラゴンズの石丸進一という選手がいたの知ってますか？

仰木　映画になりましたね。

小泉　『人間の翼』という映画にもなった。石丸は特攻隊に行って、亡くなったんです。特攻隊に行く前、最後に一〇球のキャッチボールをやって、球場を去っていく。自分は野球が好きだけど、戦争で続けることができなかった。『消えた春』はそんな石丸の生き方が描かれている。

×　×　×

小泉　私は野球の本も好きで、結構読んでいるんですが、巨人以外の話にいいのがあるんだな。『江夏の二一球』（山際淳司）なんか面白かったが、あのときのサード・コーチが監督だったんですよね。

仰木　あの、ノーアウト満塁でスクイズのサインを出したときは、内心震えがきていました。昭和五四年、近鉄・広島の日本シリーズ七試合目の九回裏、一―〇で負けていたんですが、まず同点ということだったんです。

小泉があげた三冊の本を仰木が読んでいたのかどうか。小泉の野球知識の深さに、仰木がたじたじとなっているという印象を受ける。

小泉は冒頭、仰木の著書『勝てるには理由がある』（集英社）は「読んだばかり」だと切り出して

「初対面だという気がしない」と言っている。対談相手の近著を読むのは当然の礼儀だが、政治家の場合、そういうサービスをする人でさえ例外的である。そのうえ政治とは無関係のスポーツ書を読んで、その内容を記憶しているのだから、「政治家離れした」人物だといっても過言ではないだろう。

すでに書いたように、小泉と私はともに一九四二（昭和一七）年生まれである。私たちが子供だった時代、男の子の遊びといえば野球ぐらいしかなかった。プレイヤーとしての能力が低レベルである私には、野球の知識で友人たちを上回るしかなかった。だからつまらない野球知識はずいぶん仕入れたものである。

しかし成長するとともに、スポーツ読み物で感じるような興奮とは縁を切ろうと思った。広い意味でいうなら、そういう生活の律し方もまた「仕事優先」というべきであろう。

私が入った新聞記者の世界も、仕事に埋没する人たちが多いのだが、政界はもっとひどい。自民党国会議員の生活は、朝八時に自民党本部で開かれる政調の部会から始まる。官僚を呼んで勉強会をしたり、当面の政策課題について論議したりする。出欠は自由とはいえ、部会の会議で発言することによって「政策通」の評価を得ることになる。だから部会にはできるだけひんぴんと出席することが望ましいのである。

昼間は国会の本会議・委員会に出席したり、来客の応対をする。夜はさまざまな会合をこなす。中堅以上の議員となると、料亭のはしごとなることも多い。

首相への道を歩むような国会議員の場合、早朝、深夜に新聞記者との「懇談」がある。「二四時間戦えますか」を地で行くような生活なのである。しかも土曜・日曜は選挙区に帰らなければならない。こうして究極の「仕事本位」の生活を強いられるのである。

そんな中で、趣味を棄てず、できるだけ一般国民の感覚で生きようとしているのが小泉である。だからこそ政界の変人＝一般社会の常識人となりえているのである。

2

「軽くてパー」な首相たち

空前の高支持率

二〇〇一年四月二六日に発足した小泉内閣は空前の高支持率を獲得した。小泉内閣発足直後におこなわれたマスコミ各社の世論調査で、小泉内閣の支持率は、史上空前の高率となったのである。各社世論調査の小泉内閣支持率は以下のようなものとなった。

朝日新聞	七八%
毎日新聞	八五%
読売新聞	八七・一%
日経新聞	八〇%
共同通信	八六・三%
産経・FNN	八〇・九%
NHK	八一%
日本世論調査会	八六・三%

どの世論調査でも、これまでの最高は、細川護熙内閣であり、それに次ぐのは田中角栄内閣であった。たとえば朝日調査ではこれまで最高は九四年一月の細川内閣で七四%。それに次ぐのが七二年八月の田中内閣の六二%、となっている。細川内閣の高支持率は「空前絶後」であり、それを

しのぐ高支持率はもう出ないだろうというのが一般の見方であった。

小泉人気のすさまじさは、それだけではなかった。その一カ月後に行われた、発足後二回目の調査で、この高支持率を維持し、一部の世論調査では、それをさらに伸ばしたことである。

朝日新聞　八四%
毎日新聞　八七%
読売新聞　八五・五%
日経新聞　八五%
日本世論調査会　八五・四%

空前絶後を超えた高支持率がさらに伸びることなど、誰も予想しないことだった。

朝日新聞は二〇〇一年五月二九日付朝刊から政治面で『八四%の風景　「小泉現象」を読み解く』を始めた。いわゆる知識人に語らせる連載だが、それぞれさわりの部分を紹介しよう。

◆第一回=劇作家・評論家　山崎正和

よく冷静に考えたら、森政権と小泉政権で何がどれだけ違ったか。たしかに森さんは、不用意なことを言いました。だが、小泉内閣の閣僚もかなり失言している。それでも、許されてしまうのは、ジャーナリズムが今度はいいよ、と信号を出したからです。だれもが世論に過剰適合して賛成の方に行った、という現象だと思います。(中略)

だから、今の日本ではポピュリズム（大衆迎合）が芽生える危険は非常に大きい。小泉さんに対する支持も、ポピュリズムとは言わないが、流動しやすい気分が一気に不機嫌から愉快の方へ振れたのだと思う。

◆第三回＝作家　高村薫

内閣支持率の八割という数字には、直観的にノーです。国民の閉塞（へいそく）感はこんなに大きかったのか、と改めて感じました。

八割の大衆の熱狂に恐怖を覚えるのは、これこそ歴史感覚、バランス感覚というものです。戦後半世紀たって、この社会は真っ当な判断力を失いかけているのかと思う。私は自分のことを世の中の平均的な意見の持ち主だと思っていたんですが、一挙に少数派になってしまったんですね。

◆第四回＝作家・評論家　関川夏央

田中角栄内閣の最初の世論調査で支持率が六〇％を超えた時、びっくりした。異常な数字だったんですよ、これは。内閣への支持率は高くても四〇％台だと、みんな認識していた。だから、すごい人気だけど、ちょっと変だな、という感じがありました。

それが細川護熙内閣で上回った。今度はもっと高い。驚くべきことなのに、だれも驚かない。田中内閣で衝撃を受けた私も、今回は、あ、そうかと。われながら鈍くなったなと嘆いています。

支持というのは五割を超えてはならない、と思うわけです。で、不支持がちゃんと三割あって、二割がわからないというのが最高の状態でしょう。そうでないと、民主主義は回っていかない、反対勢力がない政権は不健全であると体験的に学んでいますから、八四％というのは悩ましい。日本はようやく一〇年遅れの冷戦が終わったんですね。と同時に、ポピュリズム（大衆迎合）が生まれつつある。

これらの論評をしている人たちは、いずれも政治家の人物を知らない人たちである。政治家の人物を知っている人間なら、森内閣支持率が一ケタで、小泉内閣支持率が八〇％台であることが正当だと分かるはずなのだ。朝日新聞の政治面なのに、どうして政治家の人物を知っている政治部記者が論評しないのか？　そして政治家の人物など何も知らない「評論家」に論評を委ねるのか。元政治記者である私は、全く嘆かわしい現象だと思っている。

「口まね宰相」森喜朗の実像

前首相の森喜朗という人物は、恐ろしいほど低劣な人間である。「ノミの心臓、サメの脳みそ」などと酷評されたが、それではサメに失礼といってもいいだろう。森には、自分自身の思考・言葉など何もないのだから。

首相就任直後問題となった「神の国」発言は、二〇〇〇年五月一五日の神道政治連盟国会議員懇談会のパーティーで行われた。全国の神社などをメンバーとする団体が神道政治連盟で、その推薦を受けた国会議員で構成するのが懇談会。この団体の目的の一つは、靖国神社公式参拝を実現させることである。

その有力メンバーが村上正邦参院議員会長で、森発言も「昭和の日」制定を目指した村上氏の努力を讃えるところから始まった。村上は一九八七年昭和天皇の入院を機にできた皇室問題懇話会の事務局長でもあった。「天皇を失えば日本は個性を失い、国民はバラバラになる。昭和天皇のご病気の時、国民の大半が平癒を祈願したことは、天皇と国民の堅い信頼関係を物語っている。天皇は日本の政治的安定にも無形の寄与をされている」というのが持論である。

この村上の持論を拝借し、舌っ足らずに口にしたのが「日本は天皇を中心とする神の国であるということを、国民の皆さんにしっかりと承知していただく」という言葉である。村上は森を首相に押し上げてくれた五人組（森を除くと四人）の一人である。村上に対するリップサービスを優先させ、首相発言の重みなど全く意識していなかったのが、この発言なのである。

もっとひどいのは、二〇〇〇年三月二〇日、石川県加賀市で開いた後援会集会での発言である。森は「沖縄出身の歌手が君が代を学校で教わってない」と言い出し、「沖縄の教職員組合は共産党が支配していて、何でも国と政府に反対する。沖縄タイムスと琉球新報もそうだ。子供たちもそう教わっている」などと発言した。

これは、九九年秋「強姦発言」で防衛政務次官を更迭された自由党の西村真悟の持論である。西村にいわせると、「沖縄県民は、沖タイ・琉新二紙のマインドコントロールに陥っている」ということになる。森自身かつて青嵐会に所属したタカ派だからかもしれないが、タカ派の発言にはすぐに飛びつく。それをおうむ返しに自分の言葉として語ることに慣れすぎているのである。

この「沖縄発言」は朝日新聞などが記事にして、とくに沖縄では強い反発を呼んだ。これに対して森の金沢事務所がとった対応が面白い。石川県政記者会（十五社加盟）に対して「今後、後援会主催・共催の会合には地元の報道機関五社以外は取材を遠慮してほしい。受け入れられない場合は全社ともご遠慮願うことになる」と申し入れたのである。県政記者会は当然「報道、取材の自由」をタテに拒否した。

この奇想天外な申し入れの理由について、県政記者会を訪れた森の秘書は「後援会など身内の会合で発言した内容を、自民党幹事長としての公の場での発言のようにとらえられると、真意が伝わらず、誤解を受ける。幹事長として話す場合は、担当記者が来る」などと語ったと報じられている。

「身内の会合」で発言する場合は、公人ではないのだから取材は禁止する。幹事長としての発言は、担当記者つまり政治部の幹事長番記者が書いてくれるのだから、「問題発言」とされることはない、というわけだ。森の得手勝手な論理だといえるが、政治部の幹事長番なら批判記事は書かないというメディアの現実もみている。

当時の首相、小渕恵三にとって沖縄サミットは政権の浮沈をかけたイベントだった。森沖縄発言の直後、三月二五、六の両日、はじめての沖縄訪問が予定されていた。沖縄入りした小渕は、ただちにサミットへの協力要請名目で、新聞・放送五社を回った。じっさいには、森発言の尻ぬぐいだった。

沖縄タイムス社の豊平良一社長は「森幹事長の発言は誠に残念で遺憾。われわれは沖縄の歴史体験を踏まえながら公平な報道を心がけている。首相のお考えを聞きたい」とただした。これに対して小渕は「森幹事長に誤解があったようだ」などと釈明した。もう一紙の琉球新報社では「森幹事長にも来ていただいたらよかったですね」と皮肉を言われた。

この沖縄訪問で土曜日曜をつぶし、次の土曜が四月一日だった。小渕はこの日も早朝から主要八カ国教育相会合（教育サミット）でのあいさつ、介護保険スタートを記念しての東京都豊島区立高齢者在宅サービスセンター訪問などと精力的に働いた。この日夕には自由党の連立離脱、自自公から自公保への連立組み替えを確認するための小沢一郎（自由党首）神崎武法（公明党代表）との会談などがセットされていた。

このオーバーワークが引き金となって小渕は脳こうそくに倒れる。小渕は心身ともに疲れ切っていたのだが、森の沖縄発言がその一因だったことは確かである。人並みの節度のある人間なら、後継首相に名指しされても「私が迷惑をかけたことも、小渕氏が倒れた原因だ」と辞退するはずである。そんなことはそぶりも見せずに、首相の座に飛びついたのが、森なのである。

胃袋だけの異常発達

首相になってからの森の行動も下品というほかはない。二〇〇〇年九月末、金大中韓国大統領を迎えたさい、大統領の宿舎兼首脳会談の会場として選ばれたのは、「あたみ百万石」だった。このときの原案は、会談場所を森の地元・石川県とするというものだったが、韓国側に断られた。結局熱海市となったが、石川県の「百万石」の系列ホテルを使ったのである。国のカネを使って、地元の支持者に巨額のプレゼントをしたことになる。

この年の『文藝春秋』一一月号は、福田和也の『食べる総理・森首相の胃袋』という文章を掲載した。『夜毎、高級店でグルメ三昧。これで日本は大丈夫か』というのがキャッチコピー。森が毎夜のごとく高級料亭で会食していることを批判した文章である。

この『文藝春秋』の発売日は一〇月一〇日だったが、その直後も森は東京・赤坂の外松＝一一日▼紀尾井町の福田家＝一二日▼銀座の吉兆＝一四日▼赤坂の大乃＝一六日▼福田家＝一七日▼赤坂の鶴よし＝二二日▼外松＝二三日、などとグルメ三昧を続けた。

空白の日は、中国の朱鎔基首相の歓迎晩餐会などの公式行事があったり、外遊したり。つまり可能なかぎり必ず料理屋に行っているのである。森には、批判に耳を傾けるという考えそのものがない。

こうなると飽食病というべきだろう。これらの料理屋でも、石川県議らとの会食が多い。官邸予算（機密費）を使ってご馳走していたはずだ。

二〇〇一年二月後半から三月にかけて、いかにして森を退陣させるかが自民党全体の課題となっているのに、森本人だけは自分がやめる必要があるとは思っていないという状況が続いた。森は自己認識がまったくできない「裸の王様」だった。

森が早稲田大学に入学したのも、産経新聞に入社したのも「もぐり」であり、そのことを著書で自慢げに書いているのは周知の事実である。早大入学はラグビー入学であった。しかしラグビー部の練習がつらくて、半年足らずで退部する。私はスポーツ入学を全面否定するほど野暮ではないが、ラグビー入学した学生が、退部してもそのまま在籍するというのでは世間が通らないだろう。退部したら大学もやめる、それができないなら辛くても練習に耐えるしかない。森はそのころから、のうのうと早大生であり続ける図々しさと、政治家になるには有利だと雄弁会に入るという要領の良さを示している。

産経新聞に入社するときも当時のオーナー、水野成夫に「直訴」する。森が大学を卒業する年、産経は新入社員を採用しなかった。水野は、人事部長に断らせようと考え、人事部長に会えというのだが、森は「水野さんが約束した」と、強引にたった一人しか受験しない入社試験をやらせる。その試験問題に解答を書き入れると不勉強ぶりがわかってしまうから、白紙答案を出す。「水野さんとの約束」ですべて押しとおし、入社してしまうのである。こんな男が「教育」を語るのだから、聞いてあきれる。

田中系派閥の都合

森は極端な例だとしても、どうしてこんな低レベルな人物が首相になるのかを考える必要がある。「かつぐミコシは軽くてパーがいい」というのは、有名な小沢一郎の言葉である。田中―竹下―小渕―橋本派は、自派に総理総裁候補がいない場合、他派の人物を総理総裁にかついだ。その場合、重厚で思慮深い人物を総理総裁にしたのでは、田中系派閥の支配が覆ってしまう。自派の支配を貫くためには、「軽くてパー」な人物こそ最適だというのである。こんな「選考基準」で、首相が選任されたからこそ、世紀末、難題山積の日本で政治の空白状況が続いたのである。

小沢のこの言葉を紹介したのは、時事通信の政治記者だった田崎史郎が『文藝春秋』九四年一一月号に書いた『現役政治部デスク極秘メモ・小沢一郎との訣別』と題する文章である。田崎の文章を正確に引用すると以下のとおりである。

《以下引用》
「おれたちは党だけでなく、内閣を取るつもりで、中曽根を選んだ。担ぐミコシは軽くてパーがいい。担ぎ手の思うがままに動く」

小沢氏は八二年十一月、自民党総裁選で田中派が中曽根康弘氏を支持したとき、こう言いきった。《引用終わり》

田崎はこれを小沢独自の考え方であるかのように書いているが、おそらく小沢は、田中角栄の言葉をそのまま語ったはずだ。

この総裁選で田中が中曽根支持をうち出したことについて、田中派内では反発が渦巻いた。中曽根は、ロッキード事件当時の自民党幹事長だった。つまり検察に田中逮捕・起訴をやらせた三木武夫政権の中枢にいた。田中派の国会議員たちにとって「オヤジの仇」だったのである。

金丸信が田中派の会合で「このシャバは君たちの思うようなシャバではない。親分が右と言えば右、左と言えば左なのだ。嫌なら、この派閥を出ていくほかはない」と発言したのは、このときだった。こうした強圧的な言葉を使わなければ収まらないというのが、金丸の判断だったのである。

現実には中曽根は「軽くてパー」ではなく、「担ぎ手の思うがままに」動くこともなかった。田中派内の世代戦争で、世代交代促進派として田中と対立する金丸を重用し、八四年秋の総裁戦後の人事で幹事長に据えた。

この人事によって、竹下登を首相に押し上げようとする勢力は強力な橋頭堡を得た。幹事長は、党の運営全般をとり仕切るポストであり、田中の力と対抗することもできると判断したのであろう。翌八五年二月初旬、創政会発足に踏み切ったのである。

子飼いの竹下が創政会をつくったことに怒った田中は、日中でもウィスキーをあおる日々を続け、月末には脳こうそくで倒れた。田中の発病によって、田中派内世代戦争は世代交代促進派の勝ちとなった。中曽根は金丸を重用することによって「田中不在の政局」を作り上げることに成功したのである。

田中不在は、中曽根を抑えつけていた重石がなくなったことを意味する。中曽根は、自らの後継総裁の指名権を握ることができた例外的な首相となった。

海部を軽蔑していた小沢

田崎が「軽くてパー」発言を紹介するのは、小沢が首相の海部を小馬鹿にし、軽蔑していたことを語るためである。田崎のメモによると、小沢は海部について以下のように語っていた。

《以下引用》

海部はほんとうに馬鹿だな。宇野の方がよっぽどましだ。宇野は説明したらすぐ分かる。おれは補正予算のこともちゃんと説明しているんだよ。それなのに、その後も野党に「補正は駄目ですか」なんて電話している。アレが言わなくても野党の方からすぐに入ってくる。やっぱり総理になろうと努力してきた人を総理にしなくちゃならん。竹下さんだって人脈の点なんかで努力しているし、安倍（晋太郎元自民党幹事長）さんだって決して頭のいい人と思わんが、説明したらちゃんと分かる。しかし総理には説明しても分からん。渡部恒三ですら馬鹿にしている（八九年一二月八日）

海部さんは八月の時点で「自衛隊を出さなければならないことは分かっている」と言っていたんで、「それならいいんです」と安心していた。でも、よく調べてみると（海部の考え方は）自衛隊は何も持たないで、協力隊員のなりてがないから自衛隊員を（協力隊に）徴用しようという発想なんだな。総理は意味が分かってOKしたんじゃなかった。大内（啓伍民社党副委員長）さんの方がよほど総理らしい。（九〇年一〇月一七日）《引用終わり》

海部に対する評価がこれほど低いのに、九四年六月二九日の首相指名投票で、自民・社会・さきがけの三党連立の村山富市に対して小沢が担ぎだしたのは、海部だった。要するに小沢は利用できる存在は何でも利用するマキャベリストでしかない……。田崎がこの文章で訴えたいのはこういうことだった。

しかし、田崎の文章を読むと「ちょっと待てよ」という気分になる。日本の首相が馬鹿でいいのだろうか。タテマエのうえでいえば、日本の首相は政治の全権を握る人物である。閣僚の指名権、罷免権を持ち、しかも自民党総裁として幹事長以下すべての党役員の任命権を持つ。

政府のトップとしては、米国の大統領と同様の強大な権限を持つ。しかも与党すなわち議会の多数党のトップでもあるから、議会を牛耳ることもできる。米大統領はしばしば議会で少数与党の悲哀をかこつ。だから日本の首相が握る権力は、米大統領より強大なのである。

その政治のトップが、小沢のいうように「馬鹿」であっては、まともな政治が期待できないことはいうまでもない。

三頭政治の実態

タテマエ論ではすまないのが政治だから、もっと実態に即して考える必要がある。海部内閣の時期、政治を支配したのは「金丸非常政権」だったというのが私見である（拙著『日本の選挙はなぜ死んだのか』＝小学館文庫、九八年七月＝参照）。八九年七月参院選で惨敗した自民党が、海部を総裁＝首相にしたのは事実だった。しかし海部は単に、自民党の見てくれを飾る「表紙」にすぎなかった（注）。

（注）八九年五月、リクルート事件で退陣を余儀なくされた竹下は、後継首相に伊東正義（当時総務会長）を指名

した。しかし伊東は「表紙だけ変わっても、中身が変わらなければダメだ」と拒絶した。伊東は清潔・誠実な政治家だっただけに、竹下派支配継続のため自分が利用されることに我慢がならなかったのだろう。

このとき、伊東の代わりに「表紙」となったのが宇野宗佑だが、女性スキャンダルで傷口を広げただけだった。海部の場合も、表紙にすぎなかったことはいうまでもない。《(注) 終わり》

党役員・閣僚の人事権など重要な権限は海部にはなかった。党役員・閣僚人事は、金丸が中心になって、安倍晋太郎、渡辺美智雄など各派領袖の要望を聞いたうえで行った。つまり政治の実権を握っていた政権のトップは金丸だったのである。

このとき政治の焦点となっていたのは、次の総選挙だった。前回総選挙は九六年七月、参院選と同日選挙だった。だから参院選で惨敗した時点で、衆院は議員の任期切れまで残り一年しか残っていなかった。

よく知られているように、自民党で選挙の責任者となるのは幹事長である。その幹事長には小沢が起用された。じっさいの総選挙は九〇年二月に行われたのだが、小沢はそれを「体制選択選挙」と名付け、財界からの寄付など二四〇億円をつかって、まさに自民党の総力をあげて闘った。そして二七五議席(投票後公認を含めると二八六議席)の安定多数を確保、その強腕ぶりを発揮した。

つまり海部内閣時代の日本の政治は、金丸をトップにいただき、党務を担当する実力者・小沢と、形式上政府のトップである非力な表紙・海部の「三頭政治」だったのである。

その三頭政治の中で、首相とされている人が、幹事長に馬鹿呼ばわりされるほど論理的な思考能力に欠けている。幹事長は尊大で、自分（とおそらくは金丸）以外の政界人をすべて見下している……。田崎が紹介している小沢の懇談発言からうかがえるのは、こういう構図である。

この三頭政治は九一年四月、小沢が東京都知事選敗北の責任をとって幹事長を辞任し、終止符を打った。同年一〇月には海部政権も崩壊した。海部が執念を燃やしていた政治改革関連三法案について、衆院政治改革特別委理事会で小此木彦三郎委員長（自民）が廃案を提案、了承された。海部は衆院解散を決断するが、金丸の反対で断行できなかった。その時点ですでに開始されていた自民党総裁選で、竹下派は海部不支持に回り、海部は総裁選不出馬を宣言するほかなかった。海部は首相に就任するときも、退陣するときも、竹下派の言いなりだった。まさに「表紙」にすぎない存在で、中身は竹下派支配だったのである。

低レベルの政治家、歪んだ政治構造によって上質の政治が行われることなどありえない。田崎が「国民の知る権利を代行している」と胸を張っていうためには、このような首相と幹事長の欠陥人間ぶりを記事に書いて、国民に知らせることが必要だったのである。

そのあたりの問題について田崎は以下のように書いている。

《以下引用》

この稿を起こすにあたって、最も悩み、未だに明快な回答が得られないのは、記者の倫理性である。これまで紹介した話を、小沢氏は書かれることを前提に語っているのではなく、小沢氏の了解も得ていない。小沢氏を裏切ることになるという慚愧の思いと、私が見た実像を正確に伝えたいと気持の間で揺れた。また小沢氏側がどう出るか、正直怖い面もある。未だに政界実力者であり、記者一人をひねりつぶすぐらい簡単だろう。迷いに迷って末に私が至った結論は、記者は政治家の下僕ではない、ということである。

記者バッジをつけていれば、国会の中を自由に取材できる特権は、大げさに言えば国民の「知る権利」を代表している。私が記者バッジを付けていなければ、小沢氏が会いはしなかっただろう。迷った時、国民に真実を伝えるという原点に戻るほかない。《引用終わり》

こうした迷いの末、『文藝春秋』にこの文章を書いたことはいいことだ。しかし田崎が時事通信記者としての日常の政治報道で、国民に知らせるべき真実を伝えていなかったことの責任はどうなるのであろうか。

小沢や海部が欠陥人間であることを暴くなら、その事実を報道して国民に伝えなかったことの自己批判は欠かせないはずである。それは同時に、政治の質、政治家の資質といったものをなおざりにしてきた日本の政治報道を問うことにもつながるはずである。

海部発言を代作

それだけではない。田崎は、海部が自民党総裁選に立候補するとき、自らとった驚くべき行動を明らかにしている。八九年七月参院選惨敗後の政局で、後継首相が海部に決まったのは八月二日のことだった。金丸が海部後継を決断し、河本敏夫に立候補を断念させて海部に総裁選出馬を決断させる。そして竹下・安倍両派が海部支持を決める。このすべての段取りがこの日完成し、海部内閣の誕生が決まった。

その夜、竹下派担当だった田崎は当時同派事務総長だった小沢に接触を求めた。海部後継が決まった背景などを取材するためである。小沢サイドからは、当時とくに小沢と親しく「小沢親衛隊」と呼ばれていた田崎ら三人をホテルオークラに招くことと並んで、「バッジを外して来てほしい」という意思が伝えられた。バッジとはもちろん国会記者バッジである。

小沢指定のスイートルームには、小沢とともに海部もいた。小沢は親衛隊の三記者に「海部さんが、総裁立候補の記者会見でどんなことを聞かれ、どう答えたらいいか考えてほしい」と切り出した。こうした経過を報告した後、田崎は以下のように書いている。

《以下引用》

ここで初めて、バッジを外すことの意味が分かった。しかし、この狙いが分かったからといって、引き揚げようとはまったく考えなかった。近く首相になる人の事実上の政見づくりに係わるという充実感、それに小沢氏がここまで信用してくれるということに、ふだんの取材よりも気分が高揚した。《引用終わり》

質問づくりが終わったのは午前一時半ごろだった。政治部デスクに「帰宅します」と連絡すると「海部が一時雲隠れした。誰と会っていたか分からない」と言った。事実を説明するわけにもいかず、黙っていた。

翌日、海部は三人が作成した質問に対する答えをテープに吹き込んだ。小沢と三人は、それを聞きながら想定問答集を作成。田崎がまとめて小沢事務所に渡した。そこでワープロで打ち直され、海部に届けられた。

海部政権の自民党幹事長に小沢が内定すると、今度は新幹事長会見の想定問答集も作った。九〇年二月の総選挙で、小沢の政見放送の原案を作ったのも、この三人だった……。

田崎は、これらの事実を明るみに出して、記者としての使命を踏み外していたと自己批判しているのではない。小沢がいかに「記者利用術」に長けているかを語るためのエピソードとして紹介しているだけなのである。

田崎の文章を読むと、少なくとも小沢親衛隊の三記者は、「軽くてパー」の海部や、傲慢な小沢の人格的欠陥を報道しなかっただけではない。海部や小沢について、国民が実物以上のイメージを抱くよう協力しているのである。
田崎らが作り上げた政見や想定問答をあたかも自分の言葉のように語るのが、海部の実像だったのである。他人の言葉を借用して、自分の言葉のように語るという点で、海部は森と共通している。

他人の言葉を語る細川護熙

海部と森だけではない。九三年七月総選挙の「新党ブーム」を背景に首相となった細川護熙について、田勢康広（現日経新聞論説委員長）は以下のように書いている（田勢著『総理の座』＝九五年一月、文藝春秋）。

《以下引用》
細川護熙という人物を正確に理解していたのも大蔵省だけだった。細川熊本県知事時代、大蔵省は常に企画開発部長として若手官僚を熊本県庁に送り込んでいた。細川自身は、大蔵官僚が常に部下として存在していたことで大蔵省に人脈を築いていたと錯覚しているが、大蔵省は逆に細川という人物を冷静に見抜いていたのである。
「世間一般が持つような幻想をわれわれは持っていない。あの人がどういう人かをきちんと把握している。一言で言えば、直前に会った人から聞いた話を、自分の考えであるかのように次に会った人に語る癖がある人」だそうだ。

だから大蔵省は首相に「イエス」と言わせるために二人続けて人を送り込み、説明させたりする。前の人と次の人が同じ大蔵省であれば、自然に首相の考えと大蔵省は一致することになる。

唐突に出てきた細川政権時代の、「国民福祉税」構想も突き止めると原因はここにある。大蔵省は「国民福祉税」というネーミングは首相のもの、と言い張る。しかし、その首相に知恵をつけたのは、消費税率アップの重要性を説明に行った人物たちとは全く別の大蔵省の人物であった。

細川と仲たがい寸前までいった官房長官の武村正義は、「官房長官の役目をきちんと果たしていない」と批判されたが、真相は役目を果たそうにも全く情報ルートから外されてしまっていたのである。**《引用終わり》**


細川の人物論は石原慎太郎も著書『国家なる幻影』(九九年一月、文藝春秋)で展開している。じつは細川を政界に引っ張り出したのは石原なのである。

石原は六八年に参院選全国区から出馬、最高点当選したのだが、その選挙母体を「日本の新しい世代の会」に改組。七一年参院全国区では、細川と立川談志を担いだ。

石原は選挙前に、細川が人と会って、石原が話したことをほとんどそのまま自分の考えのように言っていたことには気づいていた。公示後のある日、石原は細川の選挙カーに乗り、都内の街頭演説を行った。池袋、新宿、渋谷とこなした後、細川から「演説の順番を替わってほしい」という申し出があった。それまで石原が前座、細川が真打ちという順番だったが、石原の人気で集まった聴衆が、細川に替わると散り去ってしまう。石原を本番にして聴衆を引きつけておき、その間に細川が話をした方がいいというわけだ。納得できたので、次の赤坂見附からそうすることにした。そのときに起こったこととして石原は次のように書いている。

《以下引用》

前回までと違って真打ちが私となり、その前座で細川氏が話し始めたが、私の話はまだだから車を囲んでいる群衆は段々増えてきても誰も立ち去る者はない。それで気をよくしたのか候補者の演説は前よりも声に張りも出てきたが、話が進むにつれて私としては思わず、真顔で叫んでいる候補者の顔を、最初は遠慮がちにちらちらと、その内には不安というよりはたまげてまじまじと眺めなおさぬわけにいかなくなった。

私だけでなく同じ車の屋根に立っている司会の小林氏も、東京での反応を確かめに新宿から車の下で聴衆に混じって様子を観察していた飯島氏も、視線が合うと肩をすくめながらにやにやしている。それはそうだろう。私の真横で細川殿様が大声でやっている演説の内容たるや、つい先刻まで私が池袋、新宿、渋谷でやったのと全く同じ内容なのだ。

私の演説の内容が仮に十章節で成り立っているとして、この男はいったいどこまで人の話を使うつもりかと思っていたら、話の折目折目に入れていた軽い冗談、ここではという力のいれ具合まですべて同じで、私としては最後に彼自身のメッセージがついて終わることだろうと思っていたら、しめくくりの言葉までそっくりそのままだったのは、唖然としかつ度肝を抜かれた。《引用終わり》

この体験を踏まえた細川論が以下のように続く。

《以下引用》

その後の細川氏の政治家としての推移を眺めてみると、自分の能力の及ばぬある新しい認識や意見等に対して、前後のさしたる判断もなく簡単に飛びついてしまう浮薄というか不気味というか、それをそのこと自体が彼自身にとって己の感性なり知性の証しのつもりでいるような軽率な挙動が散見される（中略）。

自民党の内紛のとばっちりで出来てしまった、僥倖にも醜聞であえなくついえはしたが、細川内閣などという滑稽な政権の主宰者として彼が行ったいくつかのあまりに短絡的にすぎた発言も、私から眺めると彼の側にいた彼よりはいささかましな、しかし大方は同じ程度の誰かが口にしたことをそのまま鵜呑みにしての発言だったに違いない。そう思って眺めれば政治家たち当人にとってはいかにも惨めで痛ましくもある話だが国家にとってはそれですむことではない。《引用終わり

り》

つまり田勢と石原という二人は全く別々に、細川は他人の見解をそっくりそのまま自分の考えとして語る人だと言っているのである。こういう人物は一般の企業などでは、異常な人物とみられ、存在そのものが許されないであろう。そして新聞、テレビなどの巨大メディアでは、細川のこうした実像が報道されることはなかった。国民の多くは、こうした細川の実像を依然として知らないであろう。

羽田孜の庶民性とは?

田勢の『総理の座』には『日本の限界・羽田孜総理大臣』という文章も収録されている。初出は『Ｆｏｒｅ ｓｉｇｈｔ』九四年五月号だというから、羽田の首相就任直後に書かれた文章であろう。書き出しは以下の文章である。

《以下引用》

庶民が自分のことを「庶民的だ」と言ったら、冗談にもならない。それと同じように「普通の人」が自分を指して「普通の人」と言うのは、慎み深い会話を価値あるものと考える人間のすべきことではない。

内閣総理大臣になった羽田孜は自らを「普通の人」と形容し、「普通の言葉の通じる政治」を目指すと宣言した。郷里の県立高校受験に失敗し、米国紙が「Less Prestigeous School」と格付けする成城大学を卒業、新聞社の入社試験に落ちて、親のコネで小田急バスへ入社した。

何でも美談にしたがるマスメディアはこうした履歴を紹介し、「親しみやすい普通の人」と褒め上げる。学歴のない田中角栄を庶民派宰相と持ち上げたのと全く同じ発想である。履歴を見る限り、単なる出来の悪い青年としか思えないが、マスメディアにかかると「小田急バス吉祥寺営業所時代には『歴史散歩』『文学散歩』というようなバスツアーを発案したほどのアイデアマン」ということになる。

まるで「歴史散歩」というツアーのアイデアが羽田孜という政治家の本質にかかわるかのような書き方である。この程度のアイデアなら、どんなサラリーマンだってひとつやふたつは出すだろう。《引用終わり》

以後、羽田がいかに理解力に欠ける政治家であるか、田勢はめんめんと書いている。

九三年六月、宮沢内閣不信任案が提出されたとき、羽田は何とか羽田派の離党を避けようとして、会期延長という妥協案を出した。羽田派のトップが自ら妥協案を出しているのである。宮沢政権はそれに乗った。それなのに羽田は、自分の派閥をまとめきれない。妥協案は小沢につぶされてしまった。

以下のような文章もある。

《以下引用》

羽田にはあまり名誉とはいえないエピソードがある。常識に属するような言葉を言い間違うのである。「まえば（前場＝ぜんば、株式用語）」「おいかよさん（追加予算）」「のにくだる（野に下る）」などがある。だれにでも言い間違いはあるものだが、蔵相が経済用語を間違えたりすると、また、その意味も変わってくる。

羽田を見ていると、いい意味でも悪い意味でも「地位は人を作る」というのが間違いであることに気が付く。農水相、蔵相、副総理兼外相をつとめながら、一向にカリスマ性が出てこない。いつになっても屋台のおでんやで一杯やりながら上司の悪口を言っているサラリーマンにしか見えないのである。《引用終わり》

同じ『総理の座』に収録されている『人材払底の時代』（初出『選択』九四年七月号）の中には、以下のような文章がある。

《以下引用》

何のために政治家になったのかまともに考えたことのない人たちが集まって、個人の利害を軸にしてドタバタを繰り返すのだから、政治の質はますます下がる一方である。その象徴が羽田政権である。

羽田をよく知る人でさえも、羽田の政治がいかなるものであるか知らない。ただ、「いい人」というだけで政権の座についたことをだれもおかしいと思わないほど、国民の政治意識が低いのである。《引用終わり》

政治家の低レベルさについては、私もまったく田勢に同感である。しかし田勢が「国民の政治意識の低さ」を嘆くのはおかしい。問題は、政治家の人物について実像を伝えようとしない日本のメディアにある。そのことは田勢も知っているのである。

羽田の「歴史散歩」がどのメディアにも登場したことについて、田勢は以下のように書いている。

《以下引用》

ほかに特筆すべきエピソードがないということと、メディアがおなじタネ本『羽田孜・全人像』を使っているからだ。

これによると、羽田孜は『戦後政治を変えた男』（第一章）ということになるらしい。マスメディアが伝える羽田のイメージはおおよそ、次のようなものである。

①人格は抜群でおよそ敵を作らない。

②盟友小沢一郎と対照的に調整型政治家。

③外交、経済、農政など有数の政策通。《引用終わり》

①については、それしかほめようがないだけ。③に至ってはまったくの嘘っぱちというのが、田勢の書き方である。しかし田勢はまるで、マスメディアの外側にいる人間であるかのように批判している。自分自身の立場と、それに伴う責任を意識しようとしないのである。

新首相が誕生した場合、人柄などを伝える柔らかい記事が必要だというのが、新聞、テレビの感覚である。そういう記事は社会部記者が書く。彼らに政治家とのつき合いがあるわけではないから、『羽田孜・全人像』などがネタ本となる。

田勢は日経新聞の幹部なのだから、こんな馬鹿げたことは止めさせればいいのである。少なくとも編集局の幹部会などで「止めるべきだ」と主張しなければ、自らの主張を実践していないことになる。

人物評価を怠るメディア

アメリカの政治ジャーナリズムが最大のエネルギーを投入するのが四年に一度の大統領選であろう。予備選、本選を通じて、立候補者の「人物」こそが問われるのである。対立陣営によって過去のスキャンダルが容赦なく暴かれる。それに対してどう反論・釈明するのかも、注目される。反論・釈明の仕方によって、有権者は候補者の人物を見ることができるからである。徹底的に人物にこだわるアメリカの政治ジャーナリズムと、人物の実相など伝えようとしない日本の政治ジャーナリズムは、まさに対照的である。

羽田政権の後を継いだのは、村山富市政権であった。背後で実権を握る政治家が竹下に交代しただけで、首相が単なる「表紙」である事実は変わらなかった。

「抵抗勢力」である社会党左派で政治家としての生活を送り続けてきた村山は、その延長線上に首相としての行動様式を見いだすことができなかった。予想もしなかった首相の座についた村山は、何ごとについても「自分の言葉」を語ることができず、すべてを「官僚の言葉」で語った。こうして「自分の言葉」を持たない首相が、細川、羽田、村山と三代続いたのである。

細川と羽田は小沢にとって、村山は竹下にとって、それぞれ都合のいい人物であるにすぎなかった。

森も同じことなのである。小渕恵三が脳こうそくに倒れたとき、首相として在任を続けられないほど深刻な病状であることを知っていたのは「五人組」だけであった。森幹事長▼野中広務幹事長代理▼亀井静香政調会長▼村上正邦参院議員会長▼青木幹雄官房長官（役職はいずれも当時）であった。森以外の四人にとって、森を総理総裁に押し上げることがいちばん都合がよかった。森こそ「軽くてパー」な政治家だったから、他の四人が持っていた政治の場での力が削がれる心配は皆無だった。

「軽くてパー」の総理総裁選びは、政治を空虚なものにすることに直結した。その被害者は国民なのである。小泉が総裁選に勝つことによって、ようやく政治は立ち直りのきっかけをつかんだ。だからこそ国民は、小泉内閣に高支持率をプレゼントしているのである。

テレビというメディアは恐ろしい。自分の言葉で語っている人物と、他人の言葉を受け売りしているだけの人物の落差をそのまま伝えてしまう。だからこそ小泉人気が巻き起こり、党首討論がワイドショーで中継されたりする。それが小泉人気を高めるということになるのである。

「同じ自民党、同じ森派」などといって、小泉と森に違いはないなどといっていては、小泉現象を読み解くことは不可能である。「人間の質」「人間の力」を問題にしなければならない。ほんらいなら小泉クラスの人物が何人もいて、首相の座を争うことが望ましい。残念ながら日本の政界は、あまりにも低レベルな人間たちによって支配されている。彼らは、小泉人気の引き立て役になっているだけだ。

3

角栄の弟子たちの傲慢

前章では、小沢一郎や竹下登がかついだ首相たちが、いかに低レベルな人物であったかを書いた。それなら実権を握る田中角栄の弟子たちはどうなのだろうか。

田中は自ら派閥を率い、あらゆることを牛耳っていた。しかしその次世代の竹下は、派閥を持つこと自体、金丸信に支えられてようやく可能となった。竹下と金丸を二人併せて、ようやく田中一人の力量に達するというところにしかならないのである。

その次世代は「竹下派七奉行」ということになる。この世代となると、七人併せて田中一人に及ばないどころではない。いずれも永田町でしか生きていくことのできない、欠陥人間ぞろいなのである。小泉は七奉行世代の政治家なので、この章では、竹下派七奉行の主要メンバーの「人間の質」「人間の力」をテーマにする。

小沢一郎のマスコミ操作

まず小沢一郎である。前章で引用した田崎史郎の『小沢一郎との訣別』が参考になる。田崎は、小沢ほどマスコミを気にする政治家はいないという。懇談でも「こう言えばマスコミはどう書くかな」などという発言を繰り返していた。最終的には、自分の言いなりになる記者たちだけとつき合うのが「小沢流」となった。それらの記者たちが、小沢の意図どおりの虚像を報道する。だから小沢の実像はマスコミで報道されない。小沢の実像を国民に知らせることが必要だと考えてこの文章を書いた……。これが小沢のオフレコ懇談メモをあえて公表した理由なのである。

『中央公論』二〇〇一年七月号には元自民党幹事長室長、奥島貞雄の『いまこそ明かす小沢一郎の素顔』が掲載された。この文章でも、

《以下引用》

私は幹事長室勤務を三十年も続けたため、二二人の幹事長と親しく接することになりました。その中で最も困ったのは、何といっても小沢一郎さんです。あの人は言行不一致というか、オモテとウラの落差が大きい人です。そして、自分が権力を握ることだけしか眼中にない自己中心的というかわがままな人でした。《引用終わり》

となっている。

黙って横紙を破れる男＝賛美論

小沢のマスコミ操作によって書かれた「小沢の虚像」の典型が『アエラ』九〇年三月六日号の『豪胆なナタの男・小沢一郎の勝利　自民党生き残る』という文章であろう。「編集部　根本清樹」という署名のあるこの文章は以下のようなものである。

た。

《以下引用》

小沢一郎。四七歳。田中角栄元首相の「嫡子」である。その手法で総選挙をとりしきり、勝った。

最も古いタイプの政治家が、将来の首相候補として最右翼に躍り出たのである。

「血盟の誓い」というものを、小沢一郎氏や金丸信氏らが取りかわしたのは、一九八五年一月二三日だった。竹下登元首相をリーダーとする創政会の内輪の旗揚げの席でのことだった。

それから約一年後、自治相だった小沢氏はこういう発言を残している。

「田中派は一番派閥らしい派閥です」

その理由として氏はメンバーに浸透している「血族的意識」を挙げた。

「血」という言葉を田中派に身を置いた人たちは好むようである。

田中派においては「親」という言葉も重要な場面でしばしば用いられたキーワードである。

鈴木善幸元首相が退陣したあと、田中角栄氏は後継に中曽根康弘氏をかついだ。「オンボロみこし」と陰口を叩かれるような人だったから、派内はもめた。このときの金丸氏のセリフが、氏の著書『立ち技・寝技』に記録されている。

「このシャバはキミたちの思うようなシャバではない。親分が右と言えば右、左と言えば左なのだ」

「血」と「親」。疑似血縁関係を紐帯に鉄の結束を誇るのが、かつての田中派だった。どの派閥でも領袖は構成員から「オヤジ」と呼ばれるが、田中派ほどの濃密さは臭い立ってこない。社会のほかの分野で似た集団を探すとすれば、ヤクザ組織をおいてほかにない。金丸氏の言う通り、並の「シャバ」ではないのである。

◆

その田中派で鍛えられ、小沢氏は不動の実力者にのしあがった。そこで今日、氏を評するのに、「肝の座ったヤクザの大親分の風格が出てきた」などという表現が同僚議員の間で用いられることになる。

去年末、小沢氏はスキャンダル報道の洗礼を受けた。東京・赤坂の高級料亭「満ん賀ん」を舞台にした「骨肉の財産争い」に小沢氏が深くかかわっていて、氏の女性関係がらみもあるといった内容の『週刊文春』の記事である。事前に知らされた氏は少しも騒がず、

「俺はどんなことを書かれても、何も言わない」

と取り合わなかった。悪影響を考えて、竹下氏に注意を促す人もあったが、

「あいつは動じない奴だからなあ」

と匙を投げた様子だったという話が伝えられる。小沢氏の「太っ腹」を物語る神話がこうして増幅されていく。

疑似ヤクザ社会にあっては、親に滅私奉公し、組織のために身を投げ出すのが掟である。

七七年から八三年まで続いた田中元首相のロッキード事件一審裁判を、小沢氏は田中派で唯一、欠かさず傍聴したという逸話を持っている。

「親が大変なときだから、行くのが当たり前」

なのである。法廷で氏が座ったのは、被告の家族席だった。

田中氏が懲役四年の実刑判決を受けた年の暮れ、小沢氏は総選挙で最下位当選という屈辱を味わった。党総務局長として各地の情勢に目を配る立場にあった氏は、

「俺は党のために全国のことをやらなきゃいかん」

というわけで、ほとんど地元へ帰らず自分の選挙をしなかったのだった。

◆

粉骨砕身ぶりは、いやでも親分田中氏の目にとまる。

元気なころの氏は小沢氏をほめちぎっていた。

「素直だし、働くことを嫌がらない。持ち場を絶対離れない。じっくりしていて、才走るところがない。出しゃばらず、人の見えないところで汗を流す」

田中氏はまた、見るからに頭の切れるカミソリ型の人材を、

「刃こぼれがするから」

と嫌い、鈍く輝くナタの威圧感を好んだ。田中氏の目には小沢氏が望ましいナタ型の政治家に映った。

「兄貴分」にあたる竹下登氏も、小沢氏を高く買った。以下は、去年夏、宇野前首相退陣の際、橋本龍太郎氏の後任幹事長候補として、小沢氏と羽田孜元農水相の名が出たときの品定めである。

竹下氏によれば、羽田氏は人柄もいいし、若手に人望があるが、八方美人すぎて、いざというときに仕事を頼めない。小沢氏は人柄にやや問題があり、人気もないが、仕事は任せられる。なぜならば氏は、

「黙って横紙を破れる男」

だからである。

総選挙に勝つこと。竹下氏や金丸氏が新幹事長に期待したのは、それに尽きた。参院選の惨敗をもたらした逆風はまだやんでいない。生温い作戦で勝てる戦ではない。汚れ役をあえてひきうけ、腹をくくって喧嘩のできる人物を陣頭に立てなければならない。そうすると、必然的に、

「少し早いが、一郎しかいない」

という結論になったのである。

「一一月を乗り切れるかどうか」

こんな不安がささやかれるほど、去年秋の自民党の金庫は底をついていたらしい。参院選で使い果たした結果だ。

党中枢に近い人物が、

「二五〇億近く確保できた。三分の一がキャッシュ、残りは債務保証だ」

と安堵の表情を見せたのは、ようやく一二月半ばのことだった。自民党は通常の経団連ルートの政治献金などで一〇〇億円近く集めたほか、自動車、電機、銀行、建設の四業界から、順に五〇億、五〇億、三〇億、三〇億の特別献金を分割払いで申し受けることにした。これを担保の代わりにして、都市銀行九行から一五〇億円を借金したのである。「債務保証」とはこの意味だが、煎じ詰めれば、自民党の借金を四業界が肩代わりする格好である。

この間、過半数割れの場合は政権を投げ出すという「下野論」を、小沢氏は度々口にした。もちろん、氏ならではの「脅し」ではあろうが、「自由主義経済を守るための保険料」として自民党に献金してきた財界へのボディーブローだった。ルールの変更も辞さなかった。特別献金召し上げの談判は、各業界と直接やりあった。窓口は経団連一本にするという従来の了解事項が、「非常手段」の名のもとに蹂躙された。

自民党内では、「傾斜配分」という言葉がしばしば使われた。あと一歩で当選圏内という候補者に重点的に実弾をぶち込むという意味にとる人あり、身びいきで竹下派を優遇するのではないかと疑心暗鬼になる人あり。リクルート事件のおかげで、派閥がおおっぴらなカネ集めをしにくい折から、資金力は圧倒的に「党高派低」となっていた。党からいくらもらえるか。小沢氏の采配ひとつである。

ゼニカネをめぐって、これほど派手に取り沙汰された選挙も近年珍しい。田中氏が指揮をとり「金権選挙」の代名詞となった一九七四年参院選に、十分比肩するとの声も出ている。親子だから、血は争えない。

小沢氏は平然たるものだ。

「企業ぐるみ選挙」との批判には、

「そこまでいかないので困っている。企業が自民党を応援するのは、なんらはばかることはない」

と言い放ち、強引な集金ぶりの指摘に、

「何百億集めたとか、出せと言ったなどという事実は一切ない」

と怒ってみせたのである。

親や兄が見抜いた通り、小沢氏はばっさりと大ナタを振るい、横紙を破って、自民党を大勝利に導いた。《引用終わり》

選挙知らずの小沢

たいへんな小沢賛美である。しかし奥島によると、小沢の選挙は以下のようなものでしかない。

《以下引用》

小沢さんは有能で、選挙に強いなんていわれますが、表面だけしか見ていない人の言うことです。幹事長就任時の最大の課題は、総選挙で安定多数を維持することでした。平成二年二月総選挙では、その課題を一応達成しました。しかしこのときは、金権選挙をやってやっとのことで乗り切ったのです。

幹事長の遊説日程も作りましたが、小沢さんは演説は苦手で、やりたがりません。その代わり、訪問先の都市にある企業や団体の事務所を抜き打ち的に訪問するのが「小沢流」でした。私たち事務局に企業、団体の場所を調べさせておきますが、相手方には事前連絡しません。自民党幹事長にいきなり訪問された相手側は驚くやら、恐れ入るやらですが、感激するケースも多く、それなりの効果はあったと思います。私たち事務方は「小沢さん得意のもぐり戦法」と言っていたものです。

角さんの場合は、演説が好きで上手です。聴衆の反応を見ながら、どういう訴え方が効果があるかをつかんでいきます。だからこそ「選挙の神様」なのですが、小沢さんの場合は、企業や団体に働きかける以外、何もできないのです。新進党で、最初の参院選だけそこそこやったようですが、その後うまくいかないのは当然でしょう。

小沢さんがほんとうは「選挙知らず」であることを露呈したのが、平成三年の都知事選でしょう。自民党東京都連は現職の鈴木俊一知事を推薦することとし、党本部に鈴木氏推薦を申請していました。しかし小沢さんは、国会での自公民の枠組を優先させ、強引にNHK特別主監の磯村尚徳氏を立てて、自公民推薦候補としました。

粕谷茂代議士が会長をつとめていた東京都連は激怒し、党本部と都連とが対決する知事選に突入してしまいました。都連が敵側に回ったため、党本部には手足がありません。都議選や区議選で落選した元候補たちに頼んで違犯文書を大量に郵送したりしましたが、相当な金がかかるばかりで、効果は疑問でした。演説会を開く場合には、選挙ブローカーのような人たちを使うわけにはいきません。やむを得ず公明党の組織に頼りました。

磯村候補については、インテリ受けするが庶民性に欠けるというマスコミ評がありました。庶民性を示そうと、街の銭湯に入らせたりしたのはお笑いでした。

総責任者の小沢幹事長は選挙戦最中の三月二十四日出発、三十一日帰国という日程の大外遊です。ソ連を訪問してゴルバチョフ大統領に面会、そのままアメリカに行ってブッシュ大統領と会談。総理・総裁になるための準備だったようです。われわれ党本部事務局員は「こんな選挙、勝てっこないや」と、かなり大っぴらに言いあっていました。

四月七日投票の都知事選挙は、八五万五六一三票の大差で磯村氏の敗北に終わりました。当然のことながら小沢幹事長は即日辞任となり、ほっとした記憶があります。《引用終わり》

これこそ虚像と実像の落差であろう。

角栄の息子代わりになった強運

小沢は政治家として、これ以上ないという幸運をつかんだ。田中角栄が幼いときに亡くした長男の身代わりとなったのである。『アエラ』の『豪胆なナタの男・小沢一郎の勝利』は以下のように書いている。

《以下引用》

「君は何年生まれだ」

「昭和十七年です」

「ああ、俺の死んだせがれと同い年だ」

小沢氏と田中氏の出会いのときのやりとりとされる会話だが、田中氏は小沢氏の姿に早くに亡くした長男の身代わりを見た。連日、目白の邸に通わせ、自分の一挙手一投足から政治を学ばせようとした。「お稚児さん」とやっかまれたほどだった。結婚にあたっては、自分の地元新潟県の有力支援者である大手建設会社「福田組」の社長令嬢をひきあわせ、挙式では仲人ではなく父親がわりを務めた。

「こいつがいずれ総理になる。そう決まってんだ」

田中氏はそう断言したことさえある。

本人の実力と努力以外にプラスアルファが作用した側面は否定できない。そこに、周囲をして氏を「傲慢」と呼ばしめる隙が生じたかも知れない。並の政治家に比べて、氏には「敵」が多いと言われているのも事実である。

小沢氏は、建設政務次官ポストを皮切りに、田中派の伝統に則って建設業界へ顔を売った。党国会対策委員会の筆頭副委員長や衆議院議員運営委員長を務めることで、野党の中に人脈を培い、根回し術を身につけ、国会運営の機微に触れた。党総務局長時代には、総選挙の公認調整や参院選比例代表区の名簿順位づけを手がけ、選挙実務を学んだ。この間、田中派の事務局長と事務総長を歴任し、閥務に精通する機会も与えられた。そしていま、幹事長として党財政の全権を握ったうえ、総選挙の最高責任者としての任を全うした。《引用終わり》

◆

制度社会では、どのポストでどう行動すればいいかという指針はおおむね確立している。つまり見えざるマニュアルがあるといえる。だからある程度までなら、誰でもこなせるのである。しかし小沢は、重要なポストに就くのも、それをこなすのも自らの能力が優れているからと解釈する。まったく得手勝手なパーソナリティーである。

金丸、竹下の二人も小沢を可愛がった。というよりも、田中の正当嫡子・小沢を可愛がることを義務づけられていた。田中派では、オヤジ(田中)の意思が「絶対」であった。『中央公論』の『いまこそ明かす小沢一郎の素顔』では、

《以下引用》

私は幹事長室で、金丸さん、竹下さんが小沢さんと接する場面を何回も見ましたが、小沢さんの言うことなら何でも〇Kという感じでした。二人が「一郎はな……」などと言い出すときは、孫自慢をする老人という口調でした。《引用終わり》

となっている。

総裁候補口頭試問の傍若無人

金丸、竹下の小沢「ネコッ可愛がり」の極致は、九一年秋の総裁選で実現した三候補への面接・口頭試問であろう。この総裁選は一〇月一九日告示、二七日投票だったが、同月五日には宮沢喜一、渡辺美智雄、三塚博の三人が立候補を宣言していた。祭日（「体育の日」）の一〇日、小沢が三候補を個人事務所に呼びつけ、面接・口頭試問をしたのである。

前章で書いたように、この総裁選には海部俊樹が出馬できなかった。最大派閥で国会議員一〇六人を持つ竹下派では独自候補擁立論が強まり、候補者の選考を会長の金丸に一任した。事実上の小沢擁立決議である。しかし小沢氏はこの年六月三〇日狭心症に倒れ入院、八月一〇日に退院したばかりだった。本人は「首相の激務には耐え得ない」と固辞した。

面接・口頭試問のアイデアは誰が思いついたのだろうか。小沢こそが日本の政界で最強の実力者であることを誇示するためのセレモニーだった。このとき候補者を出している派閥の国会議員数は三塚派八八人▼宮沢派八一人▼渡辺派六七人。いわばドングリの背比べで、三派とも、竹下派の支持はどうしても欲しいところ。「拒否」などできない相談だった。

この面接・口頭試問の結果、小沢は渡辺を強く推したとされる。しかし金丸の判断は宮沢で、結局竹下派は宮沢を推すことになった。総裁に就任した宮沢は、金丸に要請して副総裁に就任させ、さらに幹事長にも竹下派の綿貫民輔を起用した。党運営のすべてを竹下派に委ねたのである。

いずれにせよ、竹下派の数の力を背景に、首相候補を呼びつけるというのは増上慢というべき行動である。宮沢は、小沢の父、佐重喜と同世代といえるベテラン政治家である。渡辺も大先輩。三塚だけは当選回数序列で小沢の下になるが、年齢は一五歳も上である。「数の力」さえあれば何をしてもいいというのが、小沢がとった行動だったのである。

ちょっとした物知りから聞いた話で確認はしていないが、ヒットラーでもスターリンでも、独裁的権力者は細長い部屋を造り、そのいちばん奥に位置するのだそうだ。その権力者を訪ねてきた人物は、当然のことながら受け付けの秘書に名刺でも渡して室内に入る。そこから独裁者の席まで、十数メートルも歩く。その間に、独裁者の巨大な権力を実感するというのである。

スターリンの場合は、深夜にわたるまで執務するというのが日常の行動スタイルだった。スターリンに呼ばれてか、あるいは自ら求めて会いに行く。指定の時間は深夜で、あの壮大なクレムリンに行く。スターリンの執務室に行くまでだけでも、暗い廊下をかなりの距離にわたって歩くのだろう。さらにスターリンの部屋でも、歩かされる。こうした行動を強いられることが、スターリンの権威を実感することにつながるというのは、分かるような気がする。

小沢は明らかにこの手口を真似ている。もちろん物理的に小沢の部屋が細長いといったことではない。小沢はかなり重要な用件を、永田町の要人に伝える場合でも、自分が出ていかない。「代理」を差し向けることを好むのである。代理になるのは平野貞夫や山岡賢次、つまり小沢チルドレンといわれる国会議員たちである。小沢本人はなかなか出ていかない。つまり小沢は「奥の院」にいるという構図をつくることによって、権威づけするのである。

他の政治家は利用するだけ

小沢にとってあらゆる政治家は、利用の対象でしかない。八五年二月、竹下派の母体である創政会の結成に参加し、小沢を息子の身代わりに見立てた田中角栄を裏切った。九二年八月の金丸五億円事件（注）にさいしては、金丸を失脚させることを目指して行動した。

（注）金丸が東京佐川から五億円のヤミ献金を受けていた事件。《（注）終わり》

反小沢の闘士として、自民党内で急速に力を伸ばした野中広務は著書『私は闘う』（文藝春秋）で、金丸五億円事件のときに小沢がやったことを「クーデター」だといっている。つまり竹下派会長の金丸氏の政治生命を奪い、会長代行の小沢が竹下派の全権を握るための謀略だというわけだ。

小沢にだまされた金丸の行動の大きなポイントは、五億円献金の事実を認め、副総裁辞任を表明する八月二七日午後三時からの記者会見であった。当時自民党総務局長だった野中は党本部で留守番をしている日であり、金丸副総裁が「出勤」したことを知る。

主要役員について在室、不在を示す点灯式の掲示板があるからである。そこで佐藤守良（小沢の側近・当時経世会事務局長・故人）や金丸の筆頭秘書に会い、記者会見の予定を知る。

「副総裁の辞任を発表するのに、党三役にも相談していないのでは困る」と待ったをかけた。四時半に綿貫幹事長が上京するので、「幹事長と協議したうえで」ということになった。

それなのに小沢サイドは、持ち前の強引さで会見を始めてしまった。会見では佐藤が金丸の「声明」を読み上げていた。同じ時間に小沢が官邸で宮沢首相に会い、金丸の辞表を手渡した。

先代から権力をもぎ取るというのは田中―竹下派の伝統といえよう。田中自身、佐藤栄作の長期政権が続くことに「不安」をもらし、政権末期には早期辞任を促すような行動をとり続けた。

田中と竹下の関係では、創政会の結成である。それが八五年二月七日であり、その二〇日後の二七日午後八時半ころ、田中は脳梗塞で東京逓信病院に入院した。

創政会結成を受け入れざるをえなかったという政治的敗北に直面した田中は、悶々としてウィスキーを過飲する毎日だったといわれる。それが脳梗塞の発作の引き金になった。金丸、竹下を中心とした「弟子たちの反乱」は、それ以後の田中を闘病生活に追い込んだ。しかしこのことについて田中の弟子たちの誰もが後ろめたい思いを口にしない……。田中―竹下派というのは、こうした集団だともいえる。

竹下派内紛の渦中で、九二年一〇月一三日、小沢・竹下会談が行われた。このとき小沢は「おれはあんたほど忍耐強くない」と言った。竹下もまた、小沢を可愛がってくれた恩人であるというのが、私たちの「常識」である。しかし小沢にとっては、自分が権力を握ることこそが正しいのだから、竹下は「あんた」にすぎない。小沢には「親分」に対する敬意も欠けている。

小沢の「子分」の方もまた、小沢を離れていく人が多い。小沢が自民党幹事長時代、小沢の子分として知られていたのは、中西啓介、熊谷弘、二階俊博らである。竹下派分裂のとき小沢は、羽田孜をかついで羽田派を結成した。新生党でも羽田を党首とした。九七年末から九八年年頭にかけての新進党ビッグバンのさい、自由党の幹事長として小沢を支えたのは、野田毅だった。それらの人たちは、いますべて小沢を離れている。きっかけはさまざまだが、「小沢に利用されていただけ」と感じ、小沢を離れた点で共通している。

幼児性丸出しの主張

小沢の場合、発言に一貫性がないことも指摘できる。

「自民党は政権政党であることだけを結集軸にした雑多な集まりである。だから自民党より強大な政党をつくり、『自民党野党』という状況を定着させるなら、自民党を崩壊させることができる」

この主張は、一つの真実である。

「政党にとって何よりも大切なのは政治理念・政策である。それを共有する人たちが結集するものでなければ政党とはいえない」

この主張もまた真実である。

しかし同じ人間が数年の間にこの二つの真実を主張するというのはどうだろうか。そのときどきの状況によって、自分に都合のいい理屈を展開するだけの人物とみるのが普通だろう。そういう人物を信用すべき人間だと評価する人はまずいない。

小沢は九四年の段階で「自民党を崩壊させるための大同団結」を主張し、新進党結成の中心となった。九七年末には「純化路線」を主張して、新進党を解体した。短期間の間に、全く逆の論理で、「非自民」の政治勢力を動かし、混迷に導いたのである。

人間が成長するということは、こうしたご都合主義を克服し、どんな状況下でも一貫した主張をする存在となることである。小沢はいつまでも成長できない政治家なのである。

総合的に判断すると、小沢は「幼児性の政治家」であるにすぎない。長期にわたって安定した人間関係を築くことができない。一貫した論理で語ることができない。これは精神的に幼児であるにすぎないことを示している。

政治家の息子として苦労知らずに育ち、政界入りしてからも上記のように特別扱いされた。そのためいつまでも大人になれないのが、小沢一郎なのである。

橋本龍太郎の答弁術

橋本龍太郎は、小沢とは対照的な政治家だとみられている。閥務が嫌いで、金丸に遠ざけられた。「後輩の面倒を見ない」と面罵されたこともあるという。登山を趣味とし、政局を放り出してネパールに行ったりする。政策には詳しく、担当の官僚もたじたじとなる場面があるほどである。九七年四月二日付朝日新聞朝刊政治面に『うんちく披露、揚げ足取り……スイスイ審議、橋本首相答弁の秘技』という原稿が掲載されている。以下お読みいただこう。

《以下引用》

『悪いわね〜、ありがとね〜、これからもよろしくね〜』。橋本龍太郎首相は、PUFFYのヒット曲『これが私の生きる道』を口ずさんでいるかもしれない。「三月危機」説も何のその、首相は新年度予算をスピード成立させた。衆参両院でのノンストップ審議を達成させたのは、野党のふがいなさだけではない。「役所の係長みたい」と言われる橋本首相の答弁には、実は秘技がちりばめられていたのだ。もっとも、後半国会も「いい感じ」でいけるかどうかは、定かでない。（福田宏樹、藤崎優朗）

首相は大変な物知りのようである。松本善明氏（共産）から劣化ウラン弾の危険性を問われると、すかさず「微量重金属としての問題がある」と指摘。そのあとで松本氏が「微量重金属」に触れると、「議員からお話が出てこない時点で私は微量重金属の問題点を申し上げた」。

クローン技術に質問が及ぶと、もう止まらない。「脱線をお許しいただきたい」と断って、「南アフリカのバーナード博士の心臓移植の成功例」を説明。一方で、霊長類の心臓を移植したケースについて「サイズが合わず、胸郭内で鼓動するたびに動き、縫合面が破れて亡くなった」ことを挙げながら、科学技術と生命倫理の関係を滔々（とうとう）と論じるのだ。

質問に対して「ちょうど昭和四十五年、私が厚生省の政務次官になりました時……」「土光臨調がスタートした直後、昭和五十六年の春でしたが……」と、まず自らの歩みを振り返りながら説き起こすのも橋本流だ。

文化財に話が及んだときには、「これだけの陶磁器の歴史を持つ日本で国宝は十点に満ちません。同時に刀剣は極めて多数が国宝、重要文化財等に指定されている」と文化財指定のばらつきをひとくさりした。もっとも、その後の答弁では「文化庁から国宝が十四点に増えていると報告があった。訂正させていただきます」。あくまで正確さにこだわる。

■　□

「大変恐縮でありますが……」と丁重に切り出しながら、その実、質問がピント外れだと強調して相手をひるませることもたびたび。だが、それもひとつ間違うと単なる「嫌み」になりかねない。

例えば、行財政改革に関連して「平成十（一九九八）年度予算でどれくらいの削減をするのか」と質問され、「大変恐縮ですが、ちょっと私、いま議員のおたずねになっておりますポイントが分かりません」。九七年度予算の審議をしているのに答えられないという理屈で、結局は「非常に無理なご質問」と一蹴（いっしゅう）する布石だった。

川橋幸子氏（民主）に対する答弁は、このオンパレードだった。「議員のご質問でありますけれども、私、ちょっとその意を測りかねる部分があります」「恐らく報道によるものをご引用いただいたんだと思いますが、ちょっと多少、不正確なんです」「私ちょっと、また別に異論を唱えるわけじゃありませんけども……」。

与党に対しても、「ちょっと一言」がつく。「家庭観あるいは家族観などと、思い上がったことを申し上げるつもりはありません」と断って家庭観や家族観を述べたり、「いま、議員から構造改革とおたずねがありましたのは、恐らく財政構造改革を意味するものであろうと思います」とわざわざ質問を補ってから始めたり。

予算の執行段階での節約に関する質問には「私はへ理屈を申し上げるつもりはありませんけれども」と前置きして、「必要最小限度の予算を編成してまいった」と退けた。

■　□

首相が表情をきっと引き締めるのは、沖縄問題の重要性や行財政改革の必要性を語る時だ。ハイライトでは首を小刻みに横に震わせ、質問者をじっと見つめて語りかける。基本型は、まず質問に一定の理解を示したり謙そんしたりしたあと、「しかし」「そのうえで」「同時に」と力を込める。この接続詞が出たら、「次の私の発言に注目を」のサインだ。

例えば沖縄選出の島袋宗康氏（二院ク）に対し、「沖縄県の心が分からないとあなたが決めつけられるなら、分かっていないんでしょう」。そう一歩引いたあと、「そのうえで」とつなぎ、「沖縄県の皆さんに少しでも幸せになっていただきたいと努力をしてきたつもりです」。

行財政改革では「減税をする方が国民に喜んでいただけることは私だって知らないわけじゃありません」とため息まじりに語ったあと、「しかし」。後世代にツケを回さないよう、いま負担増に耐えることが肝要であると、険しい顔で語りかけた。

時にはこわもての顔も見せる。沖縄問題で持論を展開中、野党席に向かって「黙って聞け！　人が真剣に話をしているのに」と怒鳴りつけた。予算審議を通じて首相がこれほど激高したのは、予算案の衆院通過直前のこの一回だけ。野党は剣幕に押されてシュンとなった。《引用終わり》

過剰すぎる自己顕示欲

要するに橋本は、自分の知識の豊富さ、論理的な緻密さ、優れた説得能力などを、ひけらかしたくてたまらない人物なのである。自己顕示欲過剰だというところだ。

首相となると、官僚たちを官邸に呼んでの協議をひんぴんと行う。担当省庁の事務次官、担当局長・課長から担当者まで呼ぶから一〇人程度になることもしばしばだ。こういう席で橋本は、担当局長・課長クラスを面罵することを無上の喜びとする。知識が欠けているところを見いだし「勉強不足だ」とやりこめるのである。やりこめられた官僚にしてみればたまったものではない。「あら探し、ねたむ、怒鳴るの橋本三悪」などという言葉ができた。

橋本個人の知識量がいかに巨大でも、橋本をトップとする政治は優れたものとならない。橋本は、他人を動かして仕事するという姿勢に欠けているからである。

とくに人事では、橋本の実績は芳しくない。九八年一月、東京地検に摘発された大蔵省汚職の責任をとって三塚博蔵相が辞任したが、後任には松永光を任命した。松永は元検事であるというのが、起用の唯一の理由だった。事件は日銀にも波及し、三月には松下康雄日銀総裁が辞任した。後任は速水優で、日銀OBでありながら日商岩井の経営者となり経済同友会代表幹事も務めた経歴が買われた。

この二人とも、識見・力量については疑問という評価だった。松永の場合は、橋本政権の崩壊とともに蔵相の地位を失ったから問題は少なかった。しかし速水の場合は、任期五年である。速水を辞任させるにはどうすればいいのか？　が金融関係者の大きな課題となっているのが、本稿執筆時点の現状である。

橋本の人事で、何よりも重視されるのは、任命者である橋本が光ることである。任命の理由を橋本が語り、それをメディアが評価すればそれでいいのである。

九八年の前半には佐々波楊子金融危機管理審査委員長（元慶応大教授）日野正晴金融監督庁長官（前名古屋高検検事長）が、それぞれ新設ポストに起用された。二人ともその識見・力量が問題とされ、とくに佐々波は、在職のまま九八年夏に長期の欧州旅行を楽しむという行動に、自民党内から強い批判が出た。

首相自ら人選するのは、かなりの重要ポストだとみていい。任命しようとする人物の識見・力量がそのポストに耐えうるか否かを、じっくり判断すべきなのである。そういう判断を怠っているから「橋本人事」はことごとく失敗に終わる。

橋本の場合も、小沢とはまったく異なった意味での幼児性といえる。何でも「オレが俺が」であり、他人に仕事をさせるということができない。こうした人物がどうしてできあがったのか？

私の推察は、橋本が政治生活の出発点で江田五月と出会ったからである。

江田五月との出会い

橋本の衆院初当選は一九六三年一一月の総選挙だった。橋本の父、龍伍氏は生前、「代議士を継がせるのは大二郎（二男・後の高知県知事）」と公言していたのだが、六二年一一月五六歳の若さで急死した。大二郎はこのときわずか一五歳で被選挙権はない。後援会内には、龍伍夫人が立候補して大二郎の成長を待つという意見もあったが、龍太郎が志願して後継者となった経過がある。

このとき衆院岡山二区にはもう一人の新人候補がいた。江田三郎である。六〇年一〇月、現職社会党委員長の浅沼稲次郎が右翼の少年に刺殺されたとき書記長だったのが江田三郎だった。事件以後、委員長代行としてテレビに登場、見事な白髪とソフトでかつ明快な語り口であっという間に国民的人気を手中にした。

それをうけて三郎自身も「政権の座」を目指す政治家を志した。そこで衆院に鞍替えをしたのである。その「新人候補」江田三郎は、河上丈太郎委員長の下で書記長だったが、応援演説の要請は委員長より多く、全国を走り回らなければならない。このため三郎の選挙区、岡山二区では、当時東大生だった五月が身代わりとして遊説した。

東大駒場（教養学部）で自治会委員長を二期つとめた五月は、演説は手慣れたものである。「さすがだ」と評価されたが、それと比較されたのが橋本である。呉羽紡のサラリーマンだったのだから、演説などサマになっているはずがない。「五月に比べて龍太郎は下手だなあ」と話題になったものである。

五月はその後、裁判官となるが、父・三郎が死去したさい、政界に転じる。結成されたばかりの社市連から全国区で立候補、当選したのが七七年七月だった。

当選後、同じ岡山県選出の国会議員にあいさつ回りするのは、政界の慣行である。橋本龍太郎の部屋を訪ね、「よろしくお願いします」と握手するつもりで手を差し出した。橋本は「君とは仲良くするいわれはない」と言い、その手をピシャリと叩いたという（江田の直話による）。

こうした行動は、国会議員として異常である。同一選挙区の議員なら「敵」だが、同県出身で選挙区が違う国会議員は「仲間」に近い。国の予算を地元に持ってくるために「共闘」するからだ。もちろん政党の違いなど問題にならない。いやむしろ、自民党以外の政党の議員こそ大事にしておいた方がいいというのが田中・竹下派の伝統なのである。そういう関係が積み重なって「野党へのパイプが太い」ということになる。

橋本は初当選した六三年総選挙で、江田五月を超えることを心に誓ったのであろう。だからこそ官僚からの耳学問中心だとはいえ、異常なほど勉強し、知識の量を増やした。そして化け物のような知識量を誇るほどの政治家になった。

各省庁のキャリア官僚は、橋本にとって江田五月の仲間である。その「不勉強」を見つけだしては怒鳴りつけるのを無上の楽しみとすることになった。引用した朝日の記事で、橋本にことごとく反問され、馬鹿にされた格好になっている川橋幸子の前身は、東北大法学部卒の労働省女性キャリア官僚である。

三五年後の報復

橋本は江田五月本人に対しても、手痛いしっぺ返しを食らわしている。九六年一〇月の岡山県知事選を現職の首相として迎えた。このとき橋本と岡山県知事の長野士郎がかついだ候補は、建設官僚の石井正弘であった。当時の石井は五〇歳、建設省の審議官にすぎなかった。この程度の候補なら江田が対立候補として出てくるという読みがあったと私は想定するのだが、見事に的中した。江田は新進党推薦の候補として出馬したのである。

この選挙で、江田は敗北の屈辱をなめさせられた。橋本と長野を頂点とする保守の集票機構がフル回転した。その石井陣営は二つのことしか言わなかった。「江田さんが知事になったら、国のカネは岡山に来ない」と「江田さんは変節漢だ」である。変節漢というのは、江田が新進党にコミットすることによって、原発、人権などの問題での発言を変えたことを指摘しており、痛いところをついている。この戦術は「ネームバリューのある相手に対してはマイナス・キャンペーン」という選挙戦の鉄則を生かした、極めて合理的なものだった。

この知事選は九六年衆院総選挙と重複して行われ、総選挙は一〇月二〇日投票、知事選は二七日投票と投票日をずらした変則日程であった。総選挙で中国地方は、ほぼ自民党の完勝に終わり、その余勢を駆って岡山県知事選も石井が勝利を勝ち取った。江田に報復した橋本は、ご機嫌だった。

橋本の岡山支配戦略は、知事ポストを奪っただけで終わらなかった。九九年二月の岡山市長選では、通産省情報政策企画室長萩原誠司（当時四二歳）を引っ張り出し、現職の安宅敬祐を破って当選させた。安宅は元自治省官僚だが、江田五月が全面支援して九一年市長に当選させた人物。民主党は当然安宅推薦だった。

二〇〇〇年一月の大阪府知事選で、日本初の女性知事となった太田房江は通産省のキャリア官僚だが、九七年七月からの二年間、岡山県副知事をつとめた。この間の知事はもちろん石井正弘で、太田は在任中行われた岡山市長選で、通産省の後輩、萩原を熱心に応援した。太田もまた「橋龍人脈」なのである。

大阪府知事選で「太田擁立」の言い出しっぺになったのは、連合大阪と関経連だった。政党の中では、民主党が最初に太田氏推薦を決めた。幹部が「自民党に相乗りされると迷惑だ」と言ってみせた場面もあった。自民党は党本部が太田を推薦したが、大阪府連は造反し、別の候補を立てて選挙にのぞんだ。しかし最終的には太田の勝利となったのである。こうして橋本は、自らの人脈をどんどん伸ばしていっている。

こういうやり方は、橋本の力を伸ばすと同時に、官僚の力を伸ばすことにもなる。つまり橋本と官僚の連携による「支配」の拡大なのである。

二度の行革で官僚を甘やかす

橋本は二度にわたる「行政改革」のキーパーソンだった。中曽根行革のさいには自民党行財政調査会長であった。このとき省庁の機構改革が目玉とされた時期があった。各省庁とも「政策官庁への脱皮」などをスローガンにして、機構の再編にとり組んだのだが、どこまでやれば「要求水準」

がクリアできるのか、各省庁とも「党の意向」を探つのに必死だった。「党の意向」とはすなわち橋本の考え方だった。

この省庁再編では、各省庁とも①課の数を増やす②次官級、局長級のポストを増やすなど、「行革太り」を勝ち取っている。それをお目こぼししたのは、橋本だということができる。

橋本政権では、自らが会長となって行政改革会議を設置した。その結果が現在の一府一二省庁体制である。この「橋本行革」が単なる省庁の数合わせにとどまったことは周知の事実であろう。つまり橋本の官僚に対するスタンスは、基本的に「仲間」なのである。官僚と結託して「数の力」の支配を強めていくという行動様式は、田中角栄以来ずっと続く派閥の体質だ。

これほど官僚と癒着しながら、官僚から蛇蝎のごとく嫌われているのが橋本である。これは橋本の人格の未成熟ぶりを示すものなのである。

小渕の二つのメッセージ

それでも橋本は行政改革、財政構造改革に取り組んだだけマシといえるだろう。橋本が参院選で惨敗した後を受けた小渕恵三は、経済再建最優先というかけ声によって、これらの改革努力を一挙につぶしてしまった。「改革」をつぶすという政策的選択は、小渕がどういう政治家であろうとしたのかという行動様式の問題と深く結びついている。要するに小渕は田中―竹下派の「会社人間」なのである。会社人間と同様、代議士も当選回数を増やすごとに格が上がる。順調にポストをこなしていけば、最後には首相の座が転がり込んで来るという発想である。

小渕は、政治部記者として私が担当した最初の政治家だった。毎日新聞に勤務していた私が政治部勤務となったのは八〇年五月一日。この月十二日、大平正芳内閣不信任案が可決された。大平首相は衆議院を解散して（ハプニング解散）史上初の衆参両院同日選挙に撃って出る。新米政治記者がその激動の中に投げ込まれたのである。

第二次大平内閣で小渕は総理府総務長官。私の政治部記者生活は週二回火曜と金曜におこなわれる閣議終了後の小渕の記者会見を聞くことから始まった。いま考えてもたいへん有り難い記者会見だった。というのは、閣議後の記者会見でオフレコのやりとりをすべて明らかにしてくれたからである。

この時期の閣議では、両院選挙にからむ論議など微妙な問題が多く、当時の伊東正義官房長官は毎回のようにオフレコを指示していた。小渕は会見で閣議でのすべての発言を明らかにしたうえで「最後に伊藤官房長官が〝〇〇大臣の発言から××庁長官の発言まではオフレコにします〟と発言した」とまで言ってくれたのである。

もちろん他の閣僚の記者会見では、オフレコ部分は明らかにされない。政治部入りしたばかりの私が、毎回オフレコ部分のやりとりを聞き込んでくることはそれなりに評価された。

その有り難みは十分に感じたのだが、私は小渕とのつき合いを続けようとしなかった。将来大成する政治家だとはとても思えなかったからである。

長官室に小渕を訪ねて一対一で話をしたこともあるが、その「軽さ」に驚いたという印象しかない。「タケサン（竹下登氏）を首相にしたい」という話と、「オレは群馬三区の屋台のラーメン屋」という話ばかりなのである。

後者は衆院旧群馬三区の選挙事情のことである。定数四の選挙区で、福田赳夫、中曽根康弘という二人の巨大な政治家は「立派な料亭」で、常にトップ争いを演じる。社会党の山口鶴男氏もしっかり固定票も持っている。当時の小渕はかろうじて最下位当選できる存在だった。中選挙区制の下で連続一一回当選し、うち六回は最下位というのは、他に例のない記録であろう。

そういう選挙区に新規参入を試みる人はいないから、最下位でも安定しているのが小渕の議席であるという構図をひと講釈する。そして「毎晩料亭でメシを食ってばかりでは飽きてしまう。屋台のラーメン屋も必要なんだよ」と自らの存在意義を語るのが小渕だった。

永田町の会社人間

こんな「軽い」人物でも大臣になるのか、と驚いたというのが私の実感だった。しかしその軽さこそが、小渕が選択した道だったのである。田中―竹下派の「会社人間」と考えると、小渕が当時発していたメッセージの意味がわかる。

「屋台のラーメン屋」メッセージの意味は、自ら福田・中曽根との相違を鮮明にすることである。つまり小渕自身、首相候補である「超一級代議士」ではなく、平凡な代議士の一員にすぎないと宣言しているわけだ。このメッセージは、仲間を増やすメリットがある。自民党だけでも四百人前後にのぼる国会議員の中で、総理大臣候補などほんの一握りにすぎない。背伸びして、そんな人たちの仲間入りしたところで何のメリットもない。「凡人」であることを自ら認めることによって、仲間も増えるのである。

「タケサン（を首相に）」メッセージの意味は鮮明である。竹下は小渕にとって「先代社長（当時は候補）」なのである。先代社長にとことんゴマをすることこそ、自分がその後継者として社長になる近道なのである。

すでに見たように、小沢は「剛胆さ」を装うことによって、橋本は知識量を化け物のように増やすことによって、それぞれ権力の座に就こうとした。しかし小渕は、単なる「人柄」で権力の座に就こうとしたのである。この小渕の姿勢こそ、もっとも傲慢だといえるだろう。

会社人間が社長になると、会社人間の論理を無視するわけにはいかない。小渕が首相となって展開した小渕政権の政治は、全ての虚飾を取り払った「凡庸な政治家」のための政治となった。

赤字国債乱発の意味

凡庸な政治家にとってもっとも困るのは、「予算をぶんどる」力量を発揮できないことである。小渕の前任者、橋本がおこなった九七年末の予算編成（九八年度）は、一一年ぶりに一般歳出を対前年比マイナスに抑え込んだ。これでは国会議員たちが「地元」に恩を売ることができない。予算編成こそ、国会議員がフルにそのエネルギーを発揮する「祭り」なのである。地方自治体や農協・建設業協会といった圧力団体の陳情団も多数上京し、永田町は一挙に膨れあがる。その陳情団の面前で、官僚に対して顔が利く「先生」の力量が発揮できる。

功なり名を遂げた首相・蔵相経験者らにとっては、財政の赤字体質を克服することが重要かもしれない。しかし凡人議員たちは違う。地元の陳情団の前でエエカッコができなければ「現職の強み」などないに等しい。

小渕自身が凡人だけに、この凡人議員たちの気持はよく分かった。小渕政権発足と同時に、「カネを使うことは良いことだ」という価値意識の位相転換が図られた。財政の責任者である蔵相には、宮沢喜一を起用した。首相経験者が蔵相に就任したことから「平成の（高橋）是清」などといわれたが、とんでもない。宮沢は蔵相としても首相としても、常に「積極財政」を展開してきた。バブル経済と、赤字国債乱発の責任者として指弾されなければならない人物なのである。

小渕は逆にその「実績」を買った。「財政というバケツのそこを抜いて」（当時の自民党幹部の発言）、予算編成というお祭り騒ぎを復活させる蔵相として最適任だと白羽の矢を立てたのである。

小渕は首相就任後初の記者会見で、小渕内閣を「経済再生内閣」だと名づけた。不況の克服を最優先の課題だとすることによって、赤字国債を財源とする財政出動を是認した。財政もまた危機であり、赤字国債の乱発が危機を深めるということは、忘却の淵に投げ込まれた。

九八年末に編成された九九年度予算で、一般歳出は対前年比五・三％増の四六兆八千億円とされた。しかし景気の低迷によって法人税を中心に税収は落ち込むと予測、財源を赤字国債に頼る大盤振る舞いとなった。

周知のようにこの予算は借金のワースト記録を積み上げた。国債発行額三十一兆円▽国内総生産（GDP）に占める国・地方の単年度財政赤字の比率九・二％▽GDPに占める国・地方の債務残高の比率一〇八・五％などである。すさまじいばかりの借金財政なのである。

しかし年末恒例の永田町の祭りはかつての活況を取り戻した。国会議員たちは、公共事業だ、整備新幹線だと走り回った。その中には自由党の議員たちも加わっていた。予算編成の時点で連立協議はまだ継続中であったが、自由党の議員たちはすでに与党の一員として祭りに参加していたのである。

自由党はほんらい、田中―竹下派に所属していた国会議員の集団である。予算獲得などで官僚に影響力を行使する与党型の議員活動しかできない議員集団であることを、小渕は見抜いていた。この行動が先行していた以上、九九年に持ち越された自自連立協議がもの別れになることなど考えられないことだった。

公明党もまた、この借金肥大化ゲームに参加した。参院公明（当時）が七月参院選の公約として掲げた国民一人あたり三万円の商品券支給を実現させるよう、執拗に主張した。自自公を目指す小渕政権は九八年度補正予算に「地域振興券」という形でこの提案を盛り込んだ。

商品券構想を検討するさい宮沢は「今の景気はそんじょそこらでは直らない。ふだんなら常識で考えられないことも考えなくてはならない」と発言した。景気対策最優先で「何でもあり」の思想は、公明党の協力によって成立したともいえるのである。

「反自民」が党是だったはずの公明党が、自民党との連立に転換する根拠とされているのは「政策の実現」である。自公の政策協議によって、地域振興券や少子化対策といった政策を、自民党に認めさせた。自民党との連立によって、公明党の政策はよりいっそう実現されることになる……。これが公明党執行部の論理である。

地域振興券といい、少子化対策といっても、いずれも予算をつければすむ政策課題である。保守の国会議員たちがむき出しの地域エゴによる予算獲得を目指すのに対して、中道・革新の議員たちは、「政策」を掲げて予算を獲得することを目指す。これが戦後民主主義の実相だったのかもしれない。

「政府からカネをもぎ取ること」は、誇るべき政治家の活動の成果である。公明党の機関紙『公明新聞』は、その論理に沿った記事で埋め尽くされていた。結局小渕は、赤字国債乱発によって自自公連立を実現させたのである。

高支持率に転じる

こうした小渕政権の行動は、永田町の国会議員たちにとって有り難いものである。「小渕政権はなかなかやるじゃないか」というプラス評価を代弁したのが、政界の大御所となった元首相・中曽根康弘だった。中曽根の『真空総理・小渕くんの決断』が掲載されたのは、『文藝春秋』九九年一月号（九八年一二月一〇日発売）だった。それが呼び水となって、九八年末の予算編成が終わった段階では、永田町では「小渕プラス評価」が大勢となった。

それが「世論」に波及する。小渕政権支持率は、九九年に入ってから一挙に高まるのである。九九年度予算編成が終わって、元蔵相の武村正義が「財政赤字を憂える会」を提唱した。「赤字国債乱発によるツケを次世代に残すのは犯罪」という認識の下に、「自分自身もA級戦犯だ」と告白したうえで呼びかけたのである。

二月二五日の初会合までに一三二人が入会の手続きをとった。その中には、小渕と総裁の座を争った梶山静六、小泉純一郎をはじめ、橋本、村山富市、三塚博らが含まれていた。発足のときは、ポスト小渕政局の構図を示すものだという見方もあったが、その後、小渕評価が永田町内外で高まる一方であるため、めぼしい活動を展開できないまま自然消滅した。正論の言い出しっぺ・武村は、二〇〇〇年六月の総選挙で落選の憂き目をみた。有権者もまた、赤字国債乱発を支持したのである。

第一章で触れた佐野眞一の『凡宰伝』（二〇〇〇年五月、文藝春秋）は、小渕論として出色の本である。その全編があげて「永田町の会社人間」としていかに小渕が優れているかを書いたものだといえよう。

小渕は初当選のときから、「永田町もしょせんは会社人間社会にすぎない」と見抜いていたのではないか。会社人間として行動していれば必ず政権はとれるはずだ、と考えたからこそ、「屋台のラーメン屋」と「タケサン（を首相に）」の二つのメッセージを発し続けた。その小渕の先見の明と、そんな軽いメッセージしか発しえない小渕は首相になるはずがないと考えていた私の愚鈍さは、まさに対照的である。

悪賢い「後継候補」鈴木宗男

橋本派の後継者と目されている政治家が鈴木宗男である。私は政治部記者時代、中川一郎を担当した一時期があった。鈴木は中川の筆頭秘書だったから、私は鈴木ともよくつき合った。議員会館の中川事務所で鈴木と話していると、毎回同じようなことが起きることに私は気づいた。

鈴木が「田中さん、ちょっといいかい。電話をしなければならんので……」という。同じ部屋から電話するのだから、相手は植草義輝、高木正明など中川子飼いの国会議員であることがすぐに分かる。そのうち必ず鈴木が怒鳴り出すのである。

「いまごろそんなことを言ってるんじゃしようがない」

「もっときちんと対応してくれなければ、困るよ」

「こんなこと大臣に知れたら、たいへんなことになるよ」

などという言葉が、鈴木の口をついて出るのである。

鈍感な私でも、こんなことが何回も続くのだからその意味は分かる。鈴木の電話の目的は、私に聞かせることにあるのだ。

「田中さん。私は中川グループの中では偉いんだよ。中川子飼いの国会議員なんか問題にならないほど発言力が強いんだよ」

というのが、鈴木が私に対して発したメッセージなのである。

こういうことをやりながら、鈴木は私に対してゴマをすってきた。あるとき電話で、

「田中さん。今朝おたくの会社の科技庁担当の記者さんが、大臣の自宅で一時間も待っていたらしいんですよ。家の者が気がつかないんで、大臣と会えずに引き上げたらしい。その人に田中さんの方から電話して、これから大臣から取材したいときは、鈴木に連絡をとるようにって言ってくださいよ。連絡をもらったら、私が必ず大臣と会えるようにしますから」

と言ってきたことがあった。

この電話の意味はさまざまだ。中川の家族と鈴木は、当時から対立関係にあったのだが、中川の

家族は報道関係者に無理解だということを、私に知らせるという意味がある。科学部の記者も鈴木を通じて取材するということになれば、「中川代理」としての鈴木の立場はより強くなる。

さらに私に対するゴマスリである。私は鈴木の言葉を科技庁担当記者に伝えることによって、彼に恩を売ることができる。

いま考えてみれば分かるのだが、私は中川に可愛がられていたのだと思う。当時の私は、中川の青嵐会体質が嫌いで、中川との関係を深めようとしなかったのだが。鈴木はそのことをよく認識していて、私に接触していたのである。

中川の死後、代議士となった鈴木は、金丸信、野中広務と「実力者」の懐に飛び込み続けた。防衛・外務両政務次官、北海道・沖縄開発庁長官、官房副長官、自民党総務局長など要職を歩み続けている。

鈴木の行動パターンは、強い者にゴマをすり、弱い者はいじめるということにつきる。沖縄基地の移設問題では、県道越え車爆訓練の分散移設を実現させたが、まず最初に地元・北海道の矢臼別演習場に引き受けさせた。このとき「国の施策を受け入れないのなら、交付税の支給をストップする」と言い切った。

ほんらい地方交付税は、一定の算定方式のによって自治体に支給されるものであり、支給ストップなどできるはずがない。しかし矢臼別演習場の地元三町は、いずれも鈴木の恫喝に屈してしまった。このことが沖縄問題で実績をあげたい橋本へのゴマスリになった。

この弱いものいじめの論理と並んで、あらゆる問題を自分の利権に結びつける原理があり、この点については、しばしば指摘されているとおりである。

甘すぎる報道

こんな鈴木について、巨大メディアはどんな人物像を伝えているのだろうか。九八年九月八日付朝日新聞朝刊政治面に『官邸の黒衣はたたき上げ　便利屋脱却へ岐路（虎視眈々）』という記事が掲載されている。以下全文をお読みいただこう。

《以下引用》

ロシアのエリツィン大統領が先月二十三日、キリエンコ首相ら全閣僚を解任し、チェルノムイルジン前首相を首相代行に任命した翌朝の七時半過ぎ。内閣官房副長官の鈴木宗男（五〇）は、官邸の首相執務室に飛び込んで、小渕恵三にこう話しかけた。

「ここは『エリツィンを信頼している。チェルノムイルジンとは旧知の間柄だ』と言ったらいいと思います」

小渕はほんの数分前、公邸から官邸に向かう途中で、記者団から質問されて「他国の内政のことだからとくにコメントする立場にない」とそっけなく答えたばかりだった。

鈴木の進言の後、小渕の記者団に対するコメントは、微妙に変わった。

「また元の（チェルノムイルジン）首相が戻ってくるということだ」

官邸入りして一カ月余、国会や自民党本部、そして夜の会合場所をコマネズミのように駆け回っている。与野党の政治家や官僚らの話を聞いて、自分なりに情報を整理し、こまめに小渕や官房長官の野中広務の耳に入れる。「どんな小さなことでも、いずれ必ず役に立つ」が信条で、一分にも満たない報告のために、日に何度でも首相執務室や官房長官室に足を運ぶ。必要なものは判断を仰ぎ、それを胸にまた、国会へ飛び出していく。

「黒いものであっても、小渕さんや野中さんが白だと言えば、私も白でいく」

■　■　■

北海道で農家の次男に生まれた。高校卒業後は地元の炭鉱に就職することが決まっていたが、卒業式間際になって、鈴木は「大学に行かせてほしい」と懇願した。父親は馬を一頭売って、上京の費用を工面した。父の死後、学生の間に、地元選出の代議士で東京での保証人になってくれた故中川一郎の秘書となる。永田町との出あいだった。

中川は「青嵐会」の暴れん坊として売り出し、福田―安倍派のメンバーに無派閥議員らも加えて独自グループを結成、総裁選に出馬した後、なぞの自殺を遂げる。波乱の政治家のそばに十三年余。中川から何でも相談される「やり手秘書」として、舞台裏をつぶさに見てきた。

根回しや気配りにとどまらず、政治資金の調達や配り方、そして若手議員や官僚を時には罵声

（ばせい）を浴びせて威嚇することもある操縦術も、この時代に体で覚えた。

中川の死後、一九八三年の総選挙に出馬。中川の長男昭一（現農水相）との後援会を二分した「骨肉の争い」をくぐり抜けて、初当選を果たした。「自分は裸一貫で失うものがない」という開き直りと、「たたきあげでもやることをやれば、認めてもらえるはず」という自負があった。

そんな鈴木の面倒をみたのが、当時、田中派幹部だった故金丸信だった。ハマコーこと浜田幸一と二人で、幹事長になった金丸の周囲に「親衛隊」のように張り付いたこともある。虎（とら）の威を借りるような二人の振る舞いに、党内はまゆをひそめた。

無派閥で「金丸派」を名乗り続けたが、九三年に小渕派入り。翌年の村山富市元首相が誕生した首班指名選挙では造反し、冷や飯を食ったことも。ここ数年は、小渕派の中で力をつける野中の側近の一人と目されるようになっていた。

鈴木を官邸に引っ張ったのも野中だ。「あれぐらいまめなやつがいないと、おれももたない」

■ ■ ■

ただ、鈴木は先輩議員に重宝がられる便利屋だけで終わらないよう、活動の幅も徐々に広げてきた。

キーワードは「日ロ」と「安保」。

地元に北方領土を抱え、産業の中心である農業や漁業を守るにも「外交への影響力がいる」と考え、訪日した政治家を自費で接待するなどして、ロシアとの人脈づくりに努めてきた。ロシア政変を受けた早朝の小渕への進言は、独自のパイプでチェルノムイルジンに近い政治家から「よろしく」というメッセージが届いていたからだった。

地元にある基地対策の必要性と、「育ての親」金丸が防衛庁長官経験者だったことをてこに、国防族議員としても活動を積み重ねてきた。今月三日夕、来日したキャンベル米国防次官補代理は、「副長官への就任祝い」を名目に、旧知の鈴木と会うために官邸にやってきた。

■■■

党内、派内でも、ゆるやかながら鈴木を軸に置くグループが形をあらわしつつある。一昨年の総選挙の後、初当選した小渕派の若手議員を中心に、鈴木を囲む「ムネムネ会」という集まりができ、いまは二十人ほどに広がっている。

小渕派はいま、鈴木の世代から、リーダーの育成が急務になっている。でも、その候補と目される藤井孝男前運輸相や額賀福志郎防衛庁長官らとは、また違った視線を向けられることが多い。ヤジが得意な暴れん坊のイメージが抜け切らないのに加え、ベテラン議員には「旧竹下派の生え抜きではない」という冷めた声もある。

一方、ある閣僚経験者は「鈴木をカメのようにしてはいけない」と漏らした。面倒見の良さや集金力をいかして急速に力をつけつつあるように見える鈴木の将来が、最近、若手議員ら二十人ほどを引き連れる形で三塚派を退会した亀井静香元建設相の姿と重なって見えるのだろう。

先月末、鈴木は講演の中で自らに言い聞かせるようにこう漏らした。「政治家には十年から十五年のキャリアが必要なんです」

初当選から今年で十五年。首相と官房長官の「カバン持ち」に徹しつつ、鈴木は自分の岐路を見つめている。（敬称略）《引用終わり》

この文章では、鈴木のダーティーな面はすべて覆い隠されている。完全に鈴木を持ち上げる記事になっている。手段を選ばないダーティーな権力亡者に対して、巨大メディアの報道は甘すぎるのである。

4

田中真紀子叩きの意味

小泉内閣発足以後、緊張感が高まっているのは外務省である。田中真紀子外相と事務当局が真っ向から対立している。メディアはおおむね事務当局に好意的であり「真紀子バッシング」の様相を呈している。

雑誌『文藝春秋』二〇〇〇年七月号（六月一〇日発売）は『宰相小泉純一郎の誤算』という特集を組み、その中で『田中真紀子「電脳役者」の言語能力』（舛添要一）『「女帝」訪中に「伏魔殿」官僚の冷たい視線』（幸田和仁）という二つの文章を掲載している。いずれも真紀子批判の文章である。

どうして外務省を舞台に、小泉が任命した閣僚と、事務当局の対立が表面化したのか。これを単純に、田中真紀子の人物・政治スタイルの問題とすること自体、一つの偏見である。

田中真紀子外相が必要だった

小泉がなぜ真紀子を外相に任命したのか？　理由は鮮明である。危機的な日中関係を考えるなら、真紀子以外の外相はありえなかった。中国は「井戸を掘った人」田中角栄を特別扱いし続けてきた。その娘、真紀子に対しても当然、中国の特別扱いがあるはずで、それに頼る以外なかったのである。

日中関係はなぜ危機的な状況に陥ったのか。二〇〇一年三月から四月にかけてだけで、中国との関係を悪化させるような「事件」があい次いだからだ。いわゆる教科書検定問題、台湾の李登輝前総統の入国問題、それに農産物輸入のセーフガード発動である。

教科書問題ひとつだけだった段階で、韓国政府が呼びかけた「共闘」を、中国は断った。それだけ日本との友好関係を重視していたのである。しかし他の二つの問題も加わって、堪忍袋の緒が切れたというところであろう。

相手国との関係を良好に維持するよう、日常的な努力を継続することが、外交の基本である。その日常努力が十分に行われていたなら、中国を怒らせるような行動を三つも重ねるなどということは、ありえなかった。

教科書問題についていうなら、検定制度そのものを廃止するという選択もありえた。李登輝氏の入国は、これほど深刻な外交問題にならないうちに事務的に認めるべきだった。農産物の輸入にしても、日本の商社が中国の農民に技術指導して日本向けの農産物をつくらせているという実態をみなければならない。こういう商社のやり方を認めるのか否か、日本国内の調整こそ必要だったのである。

政府全体で取り組まなければ難しい問題ばかりだが、外務省としては「日中関係を良好に維持し続けるために必要だ」と、最大限の努力をすべきだったのである。こうした努力を怠ったからこそ、三件とも重大な外交問題に発展した。つまり外務省は、この三つの問題をボヤのうちに消し止める努力を怠り、大火に仕立て上げてしまったのである。

不行動至上主義

このような事態を出現させても外務官僚が平然としているのは、彼らの体質が「何もやらないことこそ良いことだ」という不行動至上主義だからである。何かやると失敗の可能性がある。何もやらない限り失敗することはありえない。だから一般論として、官僚機構について、能動的でないという欠点が指摘される。

しかし日本の官僚機構は、その一般論とは別次元の不行動至上主義だといえる。外務官僚は外交交渉をやらない。警察官僚は、犯罪の容疑者を検挙しない。何もやらないことこそ「プロ」だという誤謬が組織内外で通っているのだからひどいものである。

分かりやすい問題を例示するなら、真紀子外相就任直後に起きた金正男（キム・ジョンナム）不法入国事件の処理がある。朝鮮民主主義人民共和国（北朝鮮）の金正日総書記の長男、金正男（日本政府の見解は「とみられる男」であるにとどまるが、一〇〇％間違いない）ら四人が成田空港で東京入国管理局に身柄を拘束されたのは、二〇〇一年五月一日午後四時ごろだった。

この事件に対する政府の対応をリードしたのは外務省である。正男の身柄を拘束した場合、北朝鮮入りした日本人への「報復」も考えられると、「外交上の配慮」を求めた。「強制退去」が政府方針となり、正男は四日午前一〇時過ぎ中国へと飛び立った。これほど馬鹿げた対応はありえない。各国外交官の世界では笑いものになっているはずだ。

出入国管理は国家主権の行使であり、偽造旅券を使って不法入国を試みるのは主権侵害である。「金王朝」の後継者と目される要人の行動なのだから、国家権力が関与した疑いは濃厚だ。正男が「家族に東京ディズニーランドを見せたい。日本に入国する必要がある」と言いだした。取り巻きが偽造旅券など必要なものを用意したという経過であろう。

日本の国家主権を無視するという点では、工作員が潜入して日本人を拉致した事件と同じことである。当然のことながら、正男らを出入国管理法違反で逮捕し、正規の刑事手続きをとるべきだった。それが北朝鮮向けの「日本は主権侵害を認めない」というメッセージにもなる。

もちろん北朝鮮が反発、一時的に日朝関係が緊張する可能性はある。しかし双方が互いの主権を認めあったうえでの日朝関係確立のためには、一時的な緊張もまた必要なのである。

正男の身柄を日本政府が確保している以上、日本政府が北朝鮮に対して弱い立場に陥るということはありえない。

ちょうど一カ月前の四月一日、南シナ海上空で起きた、米中両軍機の空中接触事件がいい前例である。米軍の電子偵察機ＥＰ３の機体と乗員二四人を確保していた中国は、この問題をめぐる外交折衝で優位に立つことができた。対中国強硬姿勢をうたって発足したばかりの米ブッシュ政権も、乗員と機体の返還が実現するまで、低姿勢に終始しなければならなかったのである。

外務省は「北朝鮮には、そうした外交常識が通用しない」という見解なのかもしれない。だからこそ、外交常識が通用する国に変えていくよう周辺国と協力していくのが、外交というものである。

日本がスジを通した対応に徹するなら、正男の釈放を求める北朝鮮は、中国に泣きつく以外ない。その段階で中国も、北朝鮮を外交常識が通じる国に変えるよう努力するはずだ。北朝鮮の「横紙破り」にいちばん手を焼いているのは、後見役の中国なのだから。

外務省は、こうした外交努力をすべて放棄する道を選んだのである。伝えられるところでは、この件で真紀子は「面倒なことが起きるといけない。ともかく外へ出してしまいなさい」と、強制退去論の先頭に立っていたという。これは真紀子が「外交知らず」だからである。

沖縄基地問題を放置

外務省がまったく何もやらなかった典型例は、沖縄の基地問題であろう。一九七二年五月の沖縄復帰以来、基地の島・沖縄の実態はまったく変わっていない。全国のたった〇・六％の面積しかない沖縄県に、米軍基地の七五％が集中している。沖縄本島の一八％が米軍施設として占拠され、在日米軍兵力の六三％、約二万七千人が駐屯している。

九五年九月四日、沖縄県北部で買い物帰りの小学生の女の子が米兵三人に暴行されるという事件が起こり、沖縄県民の反基地感情は一挙に爆発する。大田昌秀知事の下にあった沖縄県は、米軍関係者の被疑者を日本側が拘束できず、捜査の制約となっている日米地位協定を見直すよう、外務省に要請した。

これに対しても当時の外務省は、地位協定見直しの必要はないという消極論だった。林貞行外務事務次官（当時）は記者会見で、米国側が「再発防止にあらゆる措置を取る」との考えを伝えてきたことを明らかにしたうえで、「（捜査上）米国側が身柄を拘束しても、手続きの上で問題ないと承知している」と述べた。

当時は村山富市内閣で、外相は河野洋平。河野は外務省事務当局の「不行動」をおおむね是認していた。さすがに村山は社会党員だったから、大田に理解を示した。こんな中で防衛施設庁長官、宝珠山昇の「失言」問題が出てきた。宝珠山は官房副長官の古川貞二郎に対して、

「首相の頭が悪いからこうなる。法律に基づいて淡々と行動してほしい。日本の法治国家としての品格に疑問をもたれかねない」

と言い、防衛庁担当記者との懇談でその発言を明らかにした。当然のことながら宝珠山は更迭された。

宝珠山は、この問題に関わっていた外務・防衛官僚の考え方を代弁していたのである。それは「日米安保条約とそれにもとづく行政協定によって、沖縄県民の抗議など押し切ってしまえ」というものであった。

官僚たちの不行動至上主義を打破したのは、村山の後任首相となった橋本龍太郎である。橋本

政権となってようやく、沖縄の基地問題にまともに対応しようというのが、政府の姿勢となった。

「米国の核の傘」の実態

沖縄基地問題をめぐるこうした経過をみると、外務官僚の不行動至上主義は、対米従属外交と深く結びついていることがわかる。彼らにとって沖縄の米軍基地を守ることこそが最優先課題なのであり、沖縄県民の声などどうでもいいのである。

こうした思想を持っているのが日本の外務官僚なのだが、かれらは外交のプロの名に値するだろうか？　日米安保を肯定する外務官僚は、米国の核の傘の下にあるから、日本の安全は保障されていると主張する。それはほんとうかどうか、検証する必要がある。

米国は、アジアの友好国を「核」を使って守るのか、という問題が現実に提起された前例は一回しかない。朝鮮戦争のとき、国連軍最高司令官となっていたマッカーサーが「中国本土攻撃も辞さず」と声明した。これに対して米国のトルーマン大統領は、ただちにマッカーサーを解任し、後継司令官にリッジウェイを起用したのである。

中国本土を攻撃すれば、当時中国と緊密な同盟関係にあったソ連との間での全面戦争になるおそれがある。韓国との友好関係は重視するにしても、ソ連との全面戦争の危険を冒す意思まではないというのがトルーマンの判断だった。

この前例をみるなら、「日米安保条約によって日本は米国の核の傘の下にある」などと言い切ることができないことは、少なくとも明かである。

以下あくまでも仮定の話だが、日本が某国から限定的な核攻撃を受けたとする。そうすると米国は、自動的にその某国に対して核攻撃を仕掛け、報復するであろうか。

まず一〇〇％やらないというのが、私の推測である。そんな行動をとったら、米国自身がその某国と全面核戦争に突入する危険を冒さなければならない。その某国が、ソ連や中国ならなおさら、米国は全面核戦争突入など回避するはずである。

欧州各国の場合は、日本とは異なるのかもしれない。なんといっても「祖先」の国だからである。しかし第二次大戦の例からみると、「欧州大戦」の段階では米国は参戦できなかった。当時の大統領、ルーズベルトは参戦の意思を持っていたが、根深い「孤立主義」の伝統が世論をリードしていたとされている。このためルーズベルトが日本を真珠湾攻撃に誘い込み、「卑劣な奇襲」をした日本に対して宣戦布告して、日本と同盟関係にあった独伊とも戦争状態に入ったという歴史叙述さえある。

大統領本人が戦争をやりたくても、なかなかそれが実現できないケースは最近もあった。九一年の湾岸戦争である。前年八月のイラクのクウェート侵攻の段階で、ブッシュ大統領、チェイニー国防長官（ともに当時）ら文民は気楽に「開戦」を口にした。しかしパウエル元米統合参謀本部議長以下の職業軍人は、「一〇〇％勝てる」という確信を得られるまで、開戦に賛意を示さなかった。

そして開戦後も、クウェートからイラク軍を追い払うという目的が達成された段階で、あっさり停戦に踏み切った。一部で期待されていたイラクのフセイン政権打倒にまでは踏み込まなかったのである。

米軍にとっては、ベトナム戦争敗北後の初めての本格的な戦争である。またも敗北するなら、米軍の威信は地に堕ちる。米軍の最高司令官は大統領だが、ブッシュの論理とは別の職業軍人グループの論理も、当然のことながら存在した。

こう考えてみると、日本が核攻撃を受けたからといって、米国が攻撃をした国に対して報復の核攻撃をするといった事態は、まず起こり得ないのである。「即座に」という条件つきなら一〇〇％断言できる。核戦争の時代、「時間を置いて」の報復など意味がない。

戦争などというものは、例外なく自国のためにやるものなのである。「軍事同盟があるからやる」という論理はあるが、それはタテマエにすぎない。

日本は、日英同盟を結んでいたことを口実にして第一次世界大戦に「参戦」した。しかしドイツ領の南洋諸島を占領したり、中国・山東省に出兵して青島のドイツ軍要塞を占領したりという、日本の植民地権益を拡張すること以外は何もやらなかった。

同盟の相手国である英国としては、当然欧州戦線に支援が欲しかったところだろうが、そんなことは政府、陸海軍で検討されたフシすらない。日本兵士を欧州戦線で闘わせることなど、当時の「世論」ですら許容するはずのないことなのである。

それでは何故、戦後日本に核攻撃がなかったのであろうか。その答えは、核攻撃のメリットがなかったからにほかならない。

仮に日本が埋蔵資源が豊富な国なら、あるいはそれを目指した核攻撃にメリットがあったかもしれない。しかし日本の財産は、高度な技術と勤勉な国民性だけである。核攻撃してそれをつぶしてしまい、その痕跡にすぎなくなった領土を占領しても、なんのメリットもないのである。

そんなことをするよりも、日本と友好関係を結び、高度な技術が「移転」してくることを期待した方が、はるかにリーズナブルな姿勢であろう。現実に周辺国の対日姿勢は、こうなっているのである。

外交、安全保障について多少なりともものを考える人間なら、こんなことが分からないはずがない。しかし日本の外務官僚だけが、こうした当然のことを分かろうとしないのである。

対米従属否定を志向

真紀子の外交上の発言で問題になったのは、いずれも対米関係がらみである。整理すると、

①就任直後来日したアーミテージ米国務副長官と会談しなかった。

②五月末に行われたイタリアのディーニ外相、オーストラリアのダウナー外相などとの会談で外相は、全米ミサイル防衛（NMD）網構想に疑念を示す発言をした。

の二点である。

外務官僚にとっては、日本外交の基本路線である対米従属を否定されたのだから、大ごとだろう。イタリア外相との会談内容などを産経新聞にリークして、「問題」に仕立て上げた。真紀子を「外交に無知な素人」だとして批判・非難する論調の背後には、外務官僚の姿が見えるのである。

しかし「素人」がダメというのは、日本にしか通用しない偏見だ。六月七日付の米経済紙ウォールストリート・ジャーナルは国際面の大型コラムで、『日本の新しい外相』真紀子をとりあげた。ほとんど全文が外務官僚と闘う真紀子へのエールである。

『大衆的人気のある田中外相は、親米政策を五〇年にわたって指揮してきた官僚から権力を取り上げようとしている』と書きながら、米国離れへの危ぐの指摘などない。日米安保批判発言についても『欧州並みの自立路線』と評価している。

米国では、もともと官僚=プロを信頼するという土壌がない。政治家と官僚の対決の構図では、「国民代表」である政治家の味方に回るのが米国民である。おそらく米国世論は、真紀子ＶＳ外務官僚の争いを、日本が米国と同様、「政治主導」の国に脱皮しようという過程とみるはずである。ほんとうの意味で日本が米国と同質になるということは、真紀子が勝つことである。今後米国でも真紀子人気が高くなっていくはずだ。

機密費事件の本質

不行動至上主義・対米従属路線の下で外務官僚がいかに腐敗していたかを示すのが、元外務省要人外国訪問支援室長・松尾克俊による機密費詐取事件である。要人外国訪問支援室は、大臣官房総務課の下に設置されていた。外務省中枢のポストであり、松尾の単独犯行とするのはフィクションでしかない。

この事件は二〇〇〇年秋ごろから、一部の週刊誌が「疑惑」として報じた。これに対して外務省は、組織ぐるみでもみ消しをはかり、ほぼ成功したとされる。松尾は二〇〇一年に入るとすぐに在外勤務を発令されるはずだった。

しかし警視庁で内偵にあたっていた捜査員が、警察庁長官、田中節夫に手紙を書いて「直訴」した。

『このような事件のもみ消しに応じていて、警察ばかり叩かれるのでは、一警察官としてやりきれない思いだ』

という内容だった。

一連の警察不祥事の対応にあたった田中は、この直訴を受け入れた。警視庁に連絡して、事件捜査を「復活」させたのである。こういう経過をたどって、ようやくこの事件が摘発されたと報道されている。

外務省が多数持っている大使ポストは、他省庁にとって垂涎の的である。警察庁長官ＯＢでも、かつて山本鎮彦がベルギー大使となり、本稿執筆時点で國松孝次がスイス大使である。大使人事などとからめる形で、もみ消し工作が行われたものとみられる。外務省が組織ぐるみのもみ消し工作を展開したことは、事件が松尾の単独犯行ではないことを示している。

この問題の事後処理をめぐって、外相就任早々の真紀子が、外務省を「伏魔殿」と呼び、川島裕次官以下との全面対決を展開したことは正しい。

官僚代表対国民の構図

日本の官僚機構の中で、他省庁より「一格上」という自意識を持っているのは、法務、外務、財務（旧大蔵）の各省である。法務省は法律関係の権限を一元的に握っている。日本は法治国家だから、「われこそトップ官僚」という意識である。法務省を牛耳るのは、司法試験に合格した検事たちである。

外務省もまた、外交を一手に握っている。日本の安全保障は日米安保条約に依存しているのだから、安全保障担当省でもある。外務官僚もまた外交官試験に合格したエリートという自負心を持っている。彼らにいわせると国家公務員上級職試験は、一格低いのである。

財務省は予算編成で、他省庁の要求を査定する。主計官は課長クラスなのだが、「他省庁の局長と同格だと思え」と教育される。傲慢にふるまうのが、省としての方針なのである。

もっとも強大な官僚機構の大臣として、怪物的な人気をひっさげた真紀子が就任した。川島次官以下の事務当局は、官僚機構としての既得権を守ることこそ課題と考えている。真紀子が人気を維持するためには、国民から拍手を浴びるような実績をあげる必要がある。

外務省で起こっていることは、官僚対国民代表の対決なのである。さまざまな混線があるが、事態が進行するとともに整理されるはずである。外務官僚が勝利することなどありえない。

情報公開法による開示請求について、「応じられない」と拒否した比率がもっとも高かったのが外務省である。同法施行を前に、戦中戦後期の外交文書を廃棄処分にしたことも暴露された。「外交機密」をタテに、官僚特権を維持していこうというのが、外務省事務当局なのである。

こんな傲慢な特権集団に「国民」が負けるようでは、二一世紀日本の民主政治に未来はない。

5

官僚支配と豊かさの病理

一九四〇年体制の成立

日本の官僚支配は、一八八五（明治一八）年の内閣制度設置に始まる。明治憲法下では、つねに国会に対する内閣の優位が保たれた。この官僚の優位がさらに強化されたのが、第二次大戦中の総力戦体制であった。

野口悠紀雄著『一九四〇年体制』（九五年五月、東洋経済新報社）は、第二次大戦開戦期に当時「革新官僚」（注）と呼ばれた官僚たちによって構築された総力戦体制を「一九四〇年体制」と名づけ、それが戦後も生き延びて、日本の国家・社会の構成原理となったと主張する本である。

（注）『角川・日本史辞典（新版）』（一九九六年、角川書店）は以下のように語釈している。

一九三〇年代中ごろから敗戦まで、軍部が推進する対外侵略、国内体制のファッショ化に呼応して、総動員業務をになった官僚。内務官僚中心の新官僚に対し、大蔵・農林・商工・逓信など経済関係閣僚が中心。三五年の内閣調査局設置により革新官僚は横断的結合を始め、以後企画庁・企画院を拠点に国家総動員法案・電力国家管理法案・物資動員計画・生産力拡充計画などを策定した。《（注）終わり》

野口によれば、一九四〇年体制の根幹をなす法律は一九三八年四月に成立した国家総動員法である。これは『国防目的達成ノ為国ノ全力ヲ最モ有効ニ発揮セシム様人的及物的資源ヲ運用スル』ことを目的に、広汎な統制権限を政府に委任した授権立法（立法権限をときの政府に移譲する立法）である。そのモデルは三三年にナチスが成立させたドイツの授権法であった。

これに先行して三七年十月には、「国家総動員の中枢機関」として、内閣企画院がつくられた。「総力戦遂行」のため、企画院がさまざまな物資の生産計画を作る。その中には当然、労働力と資源の配分計画が含まれる。それにもとづいて各省が、その下にある業界を「指導監督」し、計画どおりの生産を達成させる……。それが戦時下の統制経済であった。

その総力戦体制の下で、日本の民間企業は、各省とリンクする「業界」に分割された。各省はそれぞれの業界に対する指導監督の権限を得た。

政府対企業の関係だけでなく、企業の構造そのものも転換させられた。一九四〇年に発足した第二次近衛内閣は、「新経済体制」を掲げ、株主の権限を弱めるための「企業改革」を推進した。企業の中で、株主に代わって発言権を強めたのが従業員である。一九三七年には労使融和のための組織として産業報国会の組織化が始まった。当初は労使対立の激化に対応して内務省が産業報国運動を提起したものだったが、しだいに従業員を企業の主体と位置づけ、その発言力を保証していくという「理念」に基づくものとなった。

役員（取締役）の構成も変わった。従来は株主が直接指名することが多かったが、従業員からの昇進が急増した。こうした中で、年功による昇進制度も一般化した。さらに戦時経済の中で、賃金体系は、年功を重視した生活給的なものに切り替わった。

戦後も生き続ける

この戦時経済システムは、戦後もそのまま生き続けた。国家総動員法こそ廃止されたが、官僚による業界の指導監督権は、各省庁の設置法に残された。敗戦直後は「復興」のかけ声の下で、社会主義国同然の計画経済が推進されたのである。

終身雇用年功序列制を定着させる役割を果たしたのが、「電産型賃金」だった。一九四六年、当時最大のナショナルセンター（中央労働組織）産別会議は、「首切り反対」と「食える賃金獲得」をスローガンに「一〇月闘争」を組んだ。電産協がストを背景に、勝ち取ったのが電産型賃金だった。団交で経営側に認めさせただけでなく、最終的には政府の承認も取りつけた。

電産型賃金体系では、賃金は労働者の生活保障のため支払うものと性格づけられ、総額の八〇％を超える部分が「生活保証給」とされた。本人の年齢で決まる本人給プラス扶養家族の数によって決まる家族給である。能力給部分は、能力・勤続年数・勤務状況などに応じて支払う「増加賃金」の一部とされただけだった。

日々食っていくのがやっと、という状況下で、その後どの労組も電産型賃金を要求、政府のお墨付きがあったということによって、経営者たちも拒否できなかった。電産型賃金の一般化によって、終身雇用年功序列という雇用慣行は確立した。

産別会議は、電産型賃金体系の獲得という偉大な成果をあげたが、その直後に労働運動での勢力を失う。過度に政治闘争にのめり込み、四七年には二・一ゼネストを提起し、それがＧＨＱ（連合軍総司令部）に禁止されて中止のやむなきに至ったことが、ちょう落の原因とされる。

しかしその根底には、大半が企業内組合として結成された日本の労組を、産別組織として束ねるのは無理だったという組織原理の問題があった。年功序列の電産型賃金体系は、企業内組合の体質にこそなじむものであった。勤続年数が増え、年齢が上がるほど有利な賃金体系なのである。終身雇用制が前提条件となっているといえる。一つの企業に勤務し続けるという労働者の集団が、企業を離れることは難しい。

産別会議の闘争の成果として獲得されたものが、労組の「企業内」体質を強化するのに役立ったのは、皮肉というほかないが、それが現実だった。

産別会議に次いで、日本最大のナショナルセンターとなったのは総評（日本労働組合総評議会）だった。産別会議内部に、社会党系の民主化同盟（民同）が生まれ、五〇年七月には総評結成に至ったのである。総評の発足は当時、労働戦線の「右翼再編」といわれた。

総評に加盟したのは、私鉄総連、合化労連、炭労など産別組織だったが、その産別組織は単一組合でなく、企業内組合の連合体であった。たとえば私鉄総連の場合、東急、京浜急行、京成、近鉄、阪急などの企業内組合が集まった組織だった。総評全体が、企業内組合が集まったナショナルセンターだということになる。

総評はすぐに労働運動の主役となった。これによって欧米には例のない、企業別組合を基本とする労働戦線が成立したのである。その総評はすぐに左傾化し、高野実事務局長の下で、再軍備反対などの政治闘争重視路線をとった。

春闘という成長のバネ

しかしそれは一時期のことにとどまり、合化労連の太田薫氏（後の総評議長）らが経済闘争重視を主張して主導権を握ることになる。その過程でスタートしたのが春闘だった。

春闘の発足は五五年とされるが、この年は合化、私鉄、炭労などの八単産共闘だった。太田氏の呼びかけに応えた単産だけが参加したのである。しかし翌五六年には、前年秋就任した太田派の岩井章事務局長（国労）が「春季賃上げ合同闘争本部」を設置。官公労も加わって春闘が正式にスタートし、参加人員は二九〇万人に増えた。この年の経済白書のタイトルが「もはや戦後ではない」だったことはよく知られている。

五九年には、中立労連や無所属組合も参加して「春闘共闘委員会」が発足。六〇年の春闘は、安保、三池闘争と一体となって展開され、大きな高揚を迎えた。

東京オリンピックがあった六四年の春闘で、公労協（国労、全逓、全電通など公共企業体の労組の連合体）が半日ストを計画、前日の池田（勇人首相）・太田（総評議長）会談」で収拾した。この会談で、公共企業体の賃金を民間賃金に合わせて是正する「民賃準拠」の原則が確認され、民間主要単産の賃上げ相場が、公企体労働者や公務員に波及していくシステムが認知された。

以上が春闘定着までの歴史であろう。この過程で、春闘は俳句の季語となり、また「むかし陸軍、いま総評」といった言葉も生まれるのである。

春闘こそ、日本の企業に組み込まれた成長へのバネだったとみていい。労使双方が一年間の成長の目標を確認するのである。春闘は、毎年一回必ず賃金のベースアップ（注）をもたらすシステムである。日本の経営者は、労組に尻をひっぱたかれて、必ず前年よりも売り上げを伸ばし、その賃金を支払わなければならない。このシステムによってどの企業も「成長」せざるを得なかった。日本経済の成長は、こうした企業の成長の総和であったのである。

（注）日本の企業の場合、通常従業員の年齢によって本給が決まる年齢給制度をとっている。通常四月一日現在の年齢で本給を計算するから、毎年四月には定期昇給（定昇）がある。春闘で要求するのは、年齢・不要家族数などで決まる給料の額そのものを引き上げるベースアップである。正確にいえば、このベースアップ部分だけが春闘の「戦果」である。しかし春闘相場などというとき、通常は定昇込みの賃上げの金額やパーセンテージで表示する。《（注）終わり》

春闘がスタートした五五年の秋には、社会党の左右統一と保守合同が実現し、五五年体制が成立した。つまり春闘は五五年体制と同年生まれである。「社会党・総評ブロック」という言葉があるように、社会党と総評は表裏一体をなす存在であった。昭和三〇年代前半の社会党は、警職法、安保など政治闘争を展開した。また総評傘下の大単産であった日教組も、勤評・学テなどの闘争を展開した。しかし総評の路線そのものは経済闘争重視であり、その中で着実にベアを勝ち取っていたことは銘記されるべきであろう。

五五年体制の下での自民党政権は、岸信介政権が政治重視路線をとったものの、池田勇人政権は「所得倍増」のスローガンを掲げ、経済重視路線に転換した。春闘をトータルに認知したのが、この池田政権であったのである。

こうしてみると昭和三〇年代の歴史は、保守・革新の双方で、経済という単一価値観の支配が確立する歴史だといえよう。その主役は通常、保守政権の側だと言われている。六〇年安保という「危機」を収束させるため、池田政権が「寛容と忍耐」の低姿勢路線＝所得倍増の経済重視路線をとったというものである。

しかしじつは、革新の方が先行して、経済重視の春闘路線を展開していたのである。「十年間で所得を倍増させる」という計画は、毎年平均七・二％の賃上げがおこなわれるなら達成される。所得倍増計画の発想は、春闘の現実の中から生まれたものであろう。

こうして一九四〇年体制は、経済単一の価値観が支配する社会となっていった。官僚支配と、企業内労組による春闘賃上げシステムがリンクして、異常なほどカネにこだわる社会が構築されたのである。その結果が八〇年代後半の巨大なバブル経済であり、その崩壊過程の九〇年代の低迷であろう。

キーワードとしての糖尿病

小泉純一郎は九六年春に行った内舘牧子との対談で、以下のように語っている。

《以下引用》

今までだと、あれをやってくれ、これをやってくれというのに応えようというのが政治ですから、それもだんだん行き詰まってきて、糖尿病みたいになっちゃっている。時代がいいから、おいしい物も食べたい、肉も、甘いお菓子も、脂っぽい物も食べたい、なおかつ運動は嫌だ、何とか薬と注射で治したい、それに応えてくれるのが政治だと。そんなにひどい糖尿病に陥っているという自覚がないから、節食するのも嫌だ、運動も嫌だ、政治家は知恵があるんだろう、官僚は知恵があるんだろう、いい薬でも、いい注射でも開発しろというのが今の時代じゃないかなと思う。それにもう対応できないいんです、政治の方も。（内舘牧子『言うんじゃなかった……』＝九八年七月、読売新聞社＝所収、初出は『Ｔｈｉｓ　ｉｓ　読売』九六年五月号）《引用終わり》

二〇〇一年四月の自民党総裁選で、小泉の経済政策は、他の三候補と対照的だった。三候補が一致して「低迷経済からの離脱」を公約に掲げたのに対して小泉氏は「痛みは伴っても、構造改革はやらなければならない」と主張した。その小泉思想の原点は、上記の対談の中にあるといえるだろう。

いま日本社会は「糖尿病社会」と名づけるべき病理社会となっているというのが私見である。私の友人で、深刻な糖尿病に冒された朝日新聞記者の鴨志田恵一は『糖尿列島――一〇人に一人の黙示録』(九一年一一月、情報センター出版局)と題する名著を書いた。その中で鴨志田は、虎の門病院の小坂樹徳院長(当時)が指摘する以下のような事実を列挙している。

経済成長や都市化を示す国民総生産、砂糖消費量、食肉消費量、自動車台数、電話台数などの指標と糖尿病死者数は見事に比例している。他にもこういう病気はあるが、糖尿病ほどきれいに比例している例はない。

アメリカのピーマ・インディアンが保護地区に移り、それまで知らなかったうまい物を食い、労働も減ると、肥満者が増え、四〇歳以上の四割が糖尿病となった。

太平洋ナウル島の原住民が、鉱山の発見でにわかに豊かになり、都市生活を始めると、これもやはり四〇歳以上の四割が糖尿病となった。

双方とも、糖尿病など先祖以来知らなかったはずの民族である。

そうした事実の指摘の後、鴨志田は、以下のように書いている。

《以下引用》

小坂院長の発言は、次第に医学的立場から広く社会倫理の問題に及んでいく。私が一人の患者として、また記者として、この病気にかかったことから今日の社会状況に悩んだことは、それほど見当違いでもなく、余計な心配でもないことが裏付けられる。

「豊かな社会になったことが、(糖尿病という)不幸な病気を生み出すのでは、幸せではありませんね。本当に今の時代の豊かさ、自由はすばらしいことなのです。これは大事にしなければならない」

「しかし、貧乏で苦しい時代に日本人が持っていた倫理観が失われてしまった。あれはどこへ行ってしまったのでしょうか。日本人は、本来は賢いはずです。豊かで、しかも他者との調和を図り、環境を破壊せずに生きる道を見つけなければならないと思うのです」

このような発言は、当面入院患者や外来患者の診療を責務とする医師の考え方をはるかに超えている。今日の政治経済の指導者たちが肝の中心に据えるべき命題が、この日本の老医師の口から次々と吐かれるのであった。《引用終わり》

この本が九一年に書かれたことを思うと、まさに驚嘆すべき「予言の書」だということができる。その後、豊かさがもたらす社会病理の進行はとどまるところを知らなかった。

病理に蝕まれた社会

指摘されることが多いのは、子どもの世界の病理現象である。不登校、いじめなどの場となっていた学校は、その後「すぐキレる子どもたち」がナイフを振るう場となり、ついには「学級崩壊」が指摘されるまでになりました。「一七歳の犯罪」があい次いでショックを与えたのは二〇〇〇年だが、その後も犯罪の低年齢化は続いた。他方では大学生の学力低下が指摘されている。

いまの子どもたちは、何不自由なく与えられている。キャラクターグッズからコンピュータゲームまでの、あらゆるモノ。子ども部屋。学校だけでなく、塾や家庭教師による学習指導。親や教師のやさしさ。さらには養護教員やカウンセラーによる癒し……。過剰にまで外部から注入されるものごとの全てが、子ども・若者の世界を異常なものとしてしまった。

しかし異常なのは子どもたちだけではない。いま子どもたちは、いとも簡単に親によって殺される被害者でもある。すぐキレるのは、子どもたちではなく、若い親たちであるといった様相もみられる。

日本の社会は全体が狂っているかのような様相さえ見せている。自らの責任で、個人として行動することができない、あるいは極端に下手な人がやたら増えている。学校から会社まで、組織・集団の一員として行動することを強制されるのが、いまの日本人である。それに慣れきってしまっているからこそ、個人としての行動では誤ってしまうのだろう。

組織・集団の行動原理は「エゴ」である。集団の内部にいて、その所属集団を批判すると「出ていけ」と言われかねない。個人の自己批判は可能ですが、集団に自己批判をさせることは極めて難しい。そして日本社会の基本的な組み立ては、集団本位である。個人は一人の人間ではなく、集団・組織の一員としてしか評価されない。

希望を育てるのか、つぶすのか

そんな中で政治は、組織エゴ・集団エゴがぶつかり合う場となって久しい。その現実を「国民各層の利害調整の場」などと言って取り繕っているだけだ。年末の永田町・霞が関風物詩である予算獲得競争では醜いエゴがあからさまに発揮される。

こうした政治のありようは、それ自体きわめて醜いことだが、さらに社会の糖尿病化を促進したというデメリットもあった。教育、育児、介護などあらゆる問題について、カネで解決しようというのが、いま日本でとられている手法である。そんな中で子ども・若者の世界に豊かさによる病理現象が目立つのは当然のことともいえる。

こんなことはもう止めなければならない……。多くの有権者がそう考えたからこそ、長野県知事に田中康夫氏が当選して以後の「無党派の勝利」の奔流が起こったはずだ。この奔流はついに「小泉革命」にまで至ってしまった。

自民党総裁選で小泉が主張した「痛みを伴っても構造改革」というのは、日本の政治家として異常な主張である。その小泉が地滑り的勝利を獲得したのは、日本国民が「糖尿病社会」からの離脱を目指さなければならないという覚醒の意識を持ったからであろう。

あるいはこれは私の読み間違いなのかもしれない。日本の有権者の意思はさまざまに揺れ動く。一つの傾向に流れていくだけのものではないからだ。

それでも私は、小泉革命に幻想を持ちたい。小泉純一郎と、彼を支持する国民たちに、二一世紀日本の希望を見いだしたいのである。

中国の革命作家、魯迅は、短編『故郷』の末尾に、『思うに希望とは、もともとあるものともいえぬし、ないものともいえない。それは地上の道のようなものである。もともと地上に道はない。歩く人が多くなれば、それが道になるのだ』という文章を置いている（竹内好訳、岩波文庫から引用）。

革命の道を歩く人が増えるなら、それが立派な大道となる。巨大メディアの「歩いてはいけない」というメッセージに、人々が従うなら、道は消えてしまう。そのどちらを選択するのか、私たちはいま岐路に立っているのである。

あとがき

　この本は、小泉革命にコミットしたいという情念が書かせた本である。自分でも恐ろしくなるほどのスピードで、原稿は書けた。しかし、じっさいに本を作ってくれたのは、G.PAM COMMUNICATIONS清水弘文堂書房の礒貝浩氏である。礒貝氏に感謝の意を表して、筆を置きたい。

二〇〇一年六月一八日

田中良太

田中良太（たなか・りょうた）

一九四二年一〇月、北海道勇払郡穂別町生まれ。六五年三月、東京大学文学部社会学科卒。四月、毎日新聞社入社。学芸部長、編集委員室長など歴任。九六年七月、退社。田中良太事務所設立、現在同事務所代表・東京経済大非常勤講師。■著訳書『共通一次と入試歴社会』（七八年六月）／『21世紀の教育よ こんにちは』（八〇年三月、学陽書房）＝John Holt "Instead of Education" の翻訳／『ワープロが社会を変える』（九一年九月、中公新書）／『政治家総とっかえ』と業界政治』（九三年九月、同時代社）／『私の脳卒中体験——自己流リハビリは楽しかった』（九五年九月、同時代社）／『中枢腐敗——戦後五〇年・超大国ニッポンの病理』（九五年一〇月、花伝社）／『直視曲語・オウムから住専まで』（九六年六月、三省堂）／田中良太の『同時代通信』（VOL.1 NO.1〜九七年一〇月発行以後、数冊 清水弘文堂書房）

負けるな『わが友』小泉純一郎　二一世紀革命の成功のために

発　行　二〇〇一年七月十日　第一刷

著　者　田中良太

発行者　礒貝　浩

発行所　株式会社　清水弘文堂書房

郵便番号　一五三―〇〇四四

住　所　東京都目黒区大橋一―三―七　大橋スカイハイツ二〇七

電話番号　〇三―三七七〇―一九二二FAX〇三―三七七〇―一九二三

郵便振替　〇〇一八〇―一―八〇一二三

Eメール　simizukobundo@nyc.odn.ne.jp

HP　http://homepage2.nifty.com/shimizukobundo/index.html

編集室　清水弘文堂書房ITセンター

郵便番号　二二二―〇〇一一

住　所　横浜市港北区菊名三―三―一四　KIKUNA N HOUSE 3F

電話番号　〇四五―四三一―三五六六　FAX　〇四五―四三一―三五六六

郵便振替　〇〇二六〇―三―五九九三九

印刷所　株式会社　ホーユー

郵便番号　一〇一―〇〇四六　東京都千代田区神田多町二―八―一〇

ISBN4－87950－546－3　C0095